不利な土地でも儲かる「工場・倉庫」で賢い土地活用

人口減少の今、
アパート投資で大丈夫？

三浦孝志
Takashi Miura

ダイヤモンド社

はじめに

不動産投資には、いろいろな方法があります。

でも、

「眠っている土地を活用したい」

「老朽化したアパートを建て替えたい」

などと考えたとき、多くの人が真っ先に思い浮かべるのは、アパート・マンションなどの賃貸住宅を建てるという方法ではないでしょうか。

賃貸アパート・マンションを建てれば、相続などの際に使われる固定資産税評価額は大きく下がります。

そのため、相続時の「節税メリット」をうたい文句にして、土地オーナーに賃貸アパート・マンションの建築を勧める不動産業者も少なくないようです。

しかし、首都圏や地方の大都市圏ならまだしも、人口がどんどん減っている現在の日本において、賃貸アパート・マンション経営は、本当にサステナブル（持続可能）な投資だといえるでしょうか。

マンションを建てたのはいいけれど入居者が確保できず、維持・管理費用は年を追うごとにどんどんかさんで赤字経営に陥ってしまう、といった失敗例は枚挙にいとまがありません。

賃貸アパート・マンションに限らず、不動産経営は〝需要〟があってこそ成り立つものです。

残念ながら、少子高齢化によって人口が減り続けている日本において、「部屋を借りたい」という大きな需要が見込めるエリアは年々狭くなっています。立地の選定さえ誤らなければ、賃貸アパート・マンション投資はいまでも有効な資産運用のソリューションのひとつだとはいえますが、必ずしもベストな選択肢とはいいきれません。

より確実に〝需要〟をとらえるためには、視点や発想を変えてみることも大切ではないでしょうか。

賃貸アパート・マンション投資だけにこだわるのではなく、ほかの種類の投資用不動産にも目を向けてみるのです。

ひと口に投資用不動産といっても、その種類は、①アパート・マンション、②オフィスビル・商業ビル、③老人ホームや障がい者施設などの福祉施設、そして④工場・倉庫など、さまざまです。個人投資家にとって、アパート・マンション以外の物件は、何となく「敷居が高い」ように思われるかもしれませんが、決してそんなことはありません。

賃貸アパート・マンションを建築する場合、すでに土地を持っている人でも数千万円から1億円程度の資金が必要となりますが、ほかの用途の物件でも、建築費に大きな差があるわけではありません。

特別な造作《ぞうさく》（空調などの設備や、建具などの部材）が必要なく、鉄骨造の〝箱〟を用意するだけの工場・倉庫であれば、アパート・マンションに比べて建築費が大幅に安くなることもあります。

「初期投資金額が大きい」というイメージが「敷居の高さ」に結び付いているのだとすれば、それは大きな誤解です。むしろ、物件を安く手に入れることによって、アパート・マンション以上に大きな利回りを得ることも期待できるのです。

しかも、アパート・マンション以外の投資用不動産であれば、人口減少による賃貸需要の先細りを、それほど心配する必要はありません。

たとえば、老人ホームであれば高齢化の進展とともに需要の伸びが期待できるはずですし、工場・倉庫の需要は人口動態とはほぼ無関係なので、アパート・マンションよりも長期にわたって安定収益を確保することが期待できます。

もちろん、アパート・マンション以外の投資用不動産が「いいことずくめ」というわけではありません。それぞれの種類ごとにメリットとデメリットがあります。

大切なのは、「不動産投資といえば、アパート・マンション投資」という固定観念にとらわれることなく、選択肢をなるべく広げ、十分に比較検討したうえで、ベストな投資戦略を選ぶことなのです。

この考え方は、投資用不動産の種類選びだけでなく、立地の選定についても当てはまります。

アパート・マンションの場合、「駅近」であることが絶対といっていいほどの立地条件です。お手持ちの土地が郊外にあるのなら、駅近の土地への買い替えを検討したほうがいいかもしれません。

しかし、福祉施設や工場・倉庫などは、むしろ駅や繁華街から離れた場所のほうが入居者を確保しやすいケースもあります。

どの種類の投資用不動産を選ぶかによって、「いまある土地をそのまま生かせるのか」「別の土地に買い替えたほうがいいのか」という選択肢も変わってくるわけです。

この本では、①アパート・マンション、②オフィスビル・商業ビル、③福祉施設、④工場・倉庫の４種類の投資用不動産のメリット・デメリットや、それぞれに適した立地を比較検討したうえで、あなたに合った最善の投資方法をアドバイスします。

２０２２年以降、指定解除が進むと予想される「生産緑地」や遊休地の活用をお考えの方、老朽化したアパート・マンションの建て替えや、別の土地への買い替えを検討されている方は、ぜひ参考にしてください。

三浦 孝志

CONTENTS

不利な土地でも儲かる
「工場・倉庫」で
賢い土地活用

人口減少の今、
アパート投資で大丈夫？

CONTENTS

第3章

CONTENTS

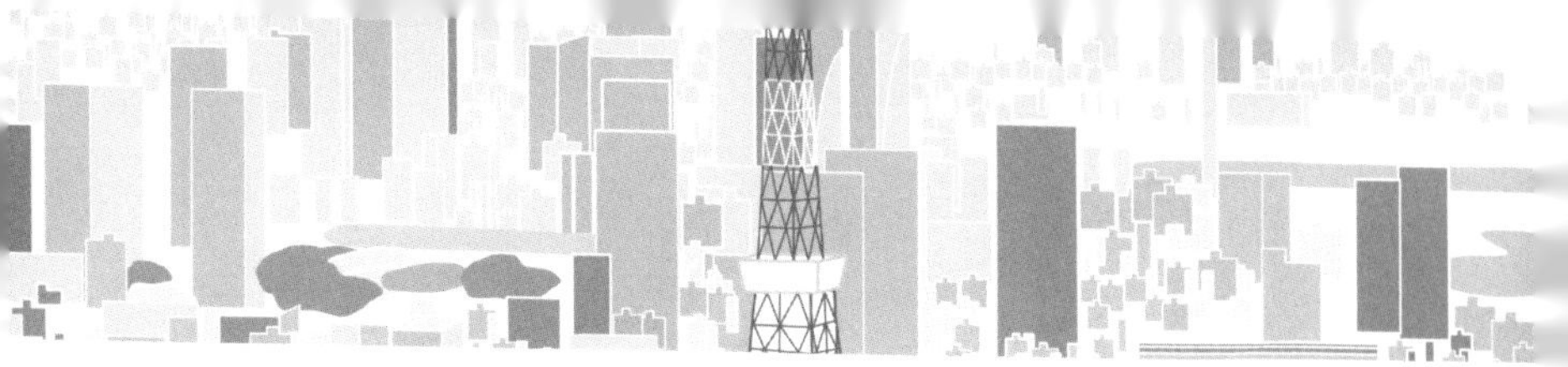

CONTENTS

第1章

アパート、商業ビル、工場・倉庫……建て替えるなら、どの物件がいいのか

不動産市場に大きな影響を与える「2022年問題」

あなたは、これからの不動産市場に大きな影響を与えかねない問題の到来が、2年後に迫っていることをご存じでしょうか。

いわゆる、「2022年問題」です。

そう言われても、「いったい何のこと?」と思う人がほとんどかもしれません。

なぜなら、直接的な影響を受けるのは、首都圏などの大都市圏で「生産緑地」と呼ばれる農地を保有する人たちだからです。

生産緑地とは、1991年に改正された生産緑地法によって指定を受けている「市街化区域」内の農地のことです。

市街化区域とは、文字どおり、住宅などを建築して市街化を進める区域のことですが、あまりにも宅地化が進むと、区域内の自然環境が悪化してしまう恐れがありました。

そこで、区域内に残されていた一部の農地を生産緑地に指定し、転用に制限を設けるために生産緑地法が改正されたのです。

生産緑地に指定されると、その土地を農地として最低30年間使い続けることが義務付けられる代わりに、固定資産税評価額を一般農地並みに低く評価する優遇措置や、相続税の納税猶予措置などが受けられます（【図1－1】参照）。

その節税メリットの大きさや、一度指定を受けると30年間にわたる営農義務が課せられることから、日本には2015年度時点で、全国に約1万4000ヘクタール（約140平方キロメートル）もの生産緑地が存在しています。

ところが、生産緑地法改正から30年以上が経過する2022年以降、初期に指定を受けた生産緑地の営農義務は次々と解除され、土地の転売や、ほかの用途での活用が可能となります。

これを機に、生産緑地を宅地に用途変更して、投資用不動産である賃貸アパート・マンションを建てる動きが広がるのではないかと予想されているのです。

指定解除によって固定資産税や都市計画税が大幅に増額されると、農業収入だけではとても賄いきれません。

しかも、指定を受けた30年前に、当時土地オーナーが40～50代だったとすると、いまは

［図1-1］農地保有に対する評価と課税（固定資産税）

<table>
<tr><th></th><th></th><th>評価</th><th>課税</th></tr>
<tr><td colspan="2">一般農地</td><td rowspan="2">農地評価</td><td rowspan="2">農地課税</td></tr>
<tr><td rowspan="3">市街化区域農地</td><td>生産緑地</td></tr>
<tr><td>一般市街化区域農地</td><td rowspan="2">宅地並み評価</td><td>農地に準じた課税</td></tr>
<tr><td>特定市街化区域農地</td><td>宅地並み課税</td></tr>
</table>

すでに70～80代になっています。農業を続けていく体力も気力も衰えている人が、かなりの部分を占めているはずです。

「ようやく土地を自由にできるようになったのだから、売り払うか、賃貸アパートでも建てて楽に稼げるようにしたい」と考える人が増えるのも無理はありません。

指定解除された生産緑地に賃貸アパート・マンションを建てれば、農地評価並みとまではいかないものの、固定資産税評価額は一般の宅地よりも大幅に減らすことができます。

そのため、2022年を境に、生産緑地にアパート・マンションを建てる動きが急速に進むことが予想されているのです。

じつは、2022年問題には、生産緑地の所有者だけでなく、ほかの土地オーナーにとっても大問題です。

なぜなら、膨大な生産緑地に次々と賃貸アパート・マンションが建築されることによって、ただでさえ供給過剰気味になっている賃貸住宅市場の需給がますます緩む恐れがあるからです。

ご存じのように、急速な人口減少とともに、日本では「空き家問題」が深刻化しています。空き家と聞くと、個人が居住用として所有していた持ち家をイメージするかもしれませんが、じつは、2018年時点で約846万戸に上る全国の空き家のうち、全体の50・9%、約431万戸は賃貸住宅なのです（【図1-2】参照）。

これほど賃貸住宅の空き家が増えているのは、老朽化した賃貸アパート・マンションの経営が立ち行かなくなっている証拠といえます。

これから日本の人口がさらに減っていくことは確実ですが、その一方で、賃貸アパート・マンションの戸数がどんどん増えていけば、入居率はますます下がり、家賃を値下げせざるを得なくなって、経営が苦しくなるオーナーが増えることが予想されます。

空いている土地に賃貸アパート・マンションを建てれば、節税効果は得られるかもしれませんが、十分な家賃収入が確保できず、むしろ建物の維持・管理費用などが重くのしかかって、赤字に苦しむ恐れもあるのです。

これは、生産緑地を賃貸アパート・マンションに建て替えようと思っている土地オーナーだけでなく、これから不動産投資を始めようと考えている農家以外の土地オーナーにとっても由々しき問題です。

では、どうすればいいのでしょうか。

不動産投資には、賃貸アパート・マンション以外にも、さまざまな投資対象があります。

［図1-2］ 空き家の種類別割合の推移

全国（1978～2018年）

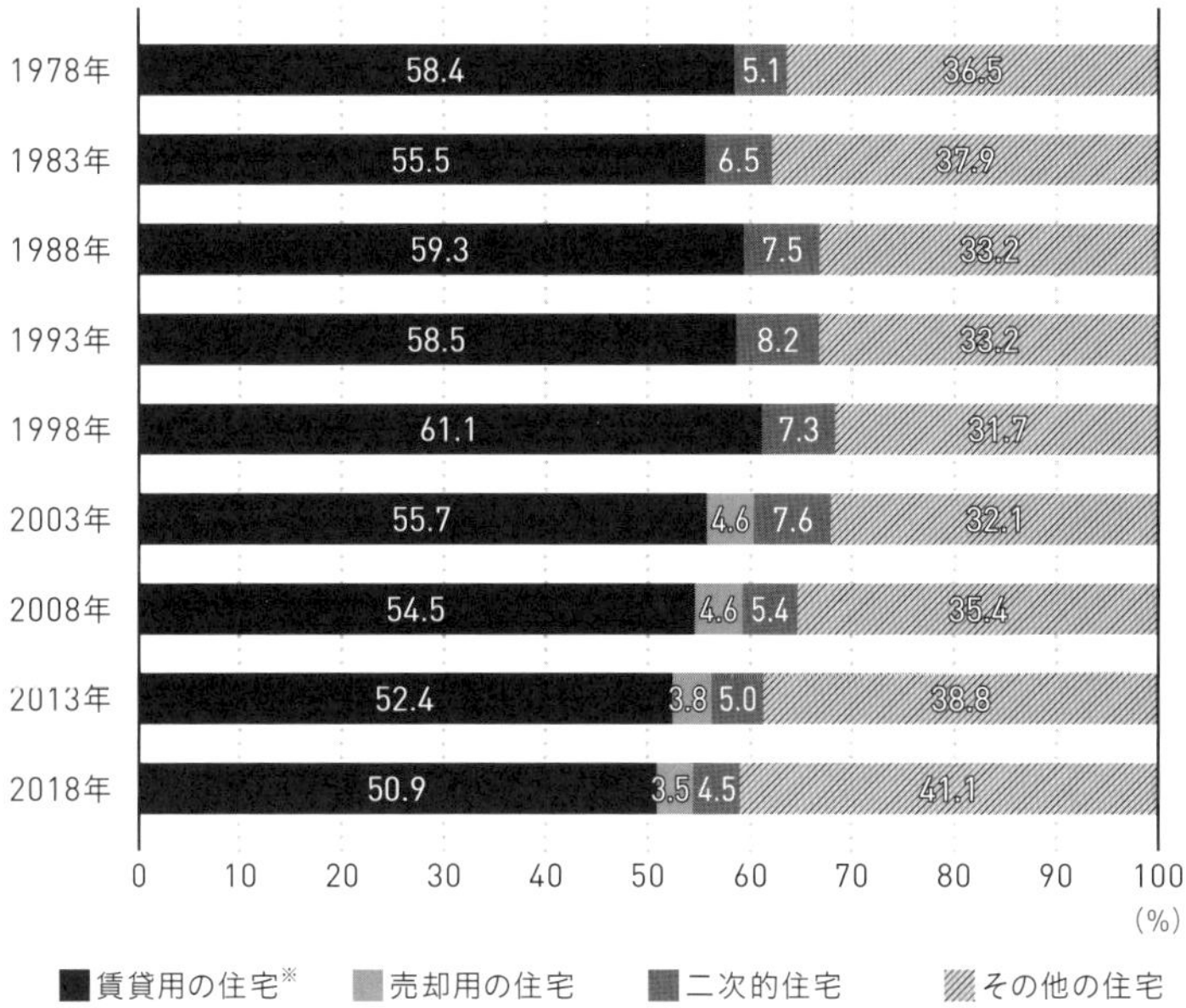

※1978～1998年までは、賃貸用に売却用を含む

出典：総務省統計局「平成30年住宅・土地統計調査」（2019年）

視野を広げて、ほかの投資対象にも目を向ければ、どんなに人口が減り続けても着実に収益を上げることは可能です。

まずは、主な投資用不動産の種類と、それぞれのメリット・デメリットについて見ていきましょう。

「アパート・マンション」投資のメリット・デメリット

一般に「不動産投資」というと、誰もが真っ先に頭に思い浮かべるのが賃貸アパート・マンション投資でしょう。

祖父母や親から代々アパートを受け継いでいる人もいますし、最近では、サラリーマンや公務員などが、副業や老後の収入源、妻や子どものために残しておきたい資産として、賃貸アパート・マンションを取得するケースが珍しくなくなりました。

また、相続税の負担が次第に重くなっていることから、固定資産税評価額を下げる目的で賃貸アパート・マンションを建築する土地オーナーも増えています。

賃貸アパート・マンション投資のメリットは、何といっても、ほかの投資用不動産に比べて空室リスク（147ページ参照）の分散がしやすいことでしょう。

サラリーマンや公務員であれば、比較的少額で購入できる区分所有マンションの1室程度から始めるのが一般的ですが、土地オーナーなら、すでに持っている土地を担保にまとまった資金を金融機関から借りて、一棟もののアパート・マンションを建てることができます。

一棟ものなら、複数の戸数があるので、たとえ1室が空いてしまっても、家賃収入がゼロになることはありません。仮に1室当たりの家賃が月8万円、10室で月80万円だとすれば、たとえ1室空いたとしても月72万円の家賃収入は入ってきます。

しかも賃貸アパート・マンションは、販売や仲介をする業者の数が多く、物件の数も非常に豊富です。

管理会社に入居付けや建物の管理を委託すれば、入居者との契約やクレーム処理といった面倒ごとは一切ありませんし、最近では家賃保証やサブリース（転賃のこと。36ページ参照）などのサービスを提供している会社もあります。

空室リスクを抑えられる安心感に加え、物件選びから管理まで、すべてを業者任せにできる手軽さもあることから、賃貸アパート・マンションを投資対象として選ぶ人が多いのだろうと思います。

一方で、賃貸アパート・マンション投資にはデメリットもあります。

なかでも大きな問題は、すでに述べてきたように人口減少によって賃貸の需要が減っていることに加え、新しい賃貸アパート・マンションがどんどん増えて、物件が供給過剰になっていることです。

入居者が減って、物件の数が増えれば、おのずと競争は激しくなります。

新築の物件や、通勤や生活に便利な「駅近」物件が選ばれる一方で、老朽化した物件や、駅から徒歩10分、15分もかかる不便な物件は敬遠されやすくなるのです。

選ぶ側（入居希望者）からすれば、インターネット上の住宅情報サイトには賃貸物件の情報があふれ返っているのですから、わざわざ古くて不便な物件を探そうとはしません。

住宅情報サイトなら、「築10年以内」「駅から5分以内」といった条件を設定して検索すると、該当する物件の情報をすぐに表示してくれます。多少厳しめの条件を設定しても、数件から十数件程度の情報は表示されますから、物件選びに困ることはほとんどありません。

ところが、「築10年以内」「駅から5分以内」といった条件を満たしていない物件は、検索の対象から外れ、情報すら見てもらえなくなってしまいます。

では、いったい何で勝負すればいいのでしょうか。

築年数や立地は変えようがありませんが、唯一変えられるのは家賃です。

月8万円の家賃を、7万5000円、7万円……と下げていけば、検索に引っかかる頻度は高まるはずです。

しかし、家賃を下げれば、当然ながら利回りも低くなります。一方で、築年数の古い物件は、修繕やリフォームなどの費用もかさみますから、場合によっては、家賃を下げたことによって収益がマイナスになってしまう可能性もあるのです。

老朽化したアパート・マンションが敬遠されやすいのなら、大規模なリフォームを施して新築同然によみがえらせたり、いっそのこと取り壊して、新しいアパート・マンションに建て替えたりすればいいのではないか、という考え方もあります。

本書をお読みの土地オーナーの方のなかには、実際に老朽化アパート・マンションを所有し、空室や維持・管理費用の負担に苦しんでおられる方も大勢いらっしゃることでしょう。

けれども、どんなに建物を新しくしたとしても、立地が駅から10分も15分も離れているような場所では、入居付けは非常に困難だといえます。

そうした場合は、建て替えだけでなく、土地そのものを、駅近の土地に買い替えることを検討したほうがいいかもしれません。

より大きな視点で考えると、地方よりは大都市圏、地方であっても、郊外よりは中心部の土地に買い替えるのが賢明だといえます。

なぜなら、人口が減っていくと、人は郊外から中心部に移り住むようになるからです。同じ地方の都市でも、大きな駅のある中心部と、駅から遠く離れた山間部では、生活の便利さがまったく違います。バスの本数が少なく、クルマがないと生活できないような山間部は、若い世代がどんどん離れていくので、人口が減り、高齢化が急速に進みます。

当然、小売店や飲食店も少なくなって、生活がますます不便になるという悪循環に陥ります。その結果、どんなに長く住んでいた人でも、「もっと便利な場所で暮らしたい」という思いから、大きな駅のある中心部に移り住むようになるのです。

政府はいま、この動きを促進する「コンパクトシティ構想」を描いています。

たとえ人口の少ない山間部でも、そこに人が住んでいる限り、地方自治体は道路の整備やごみ収集といった行政サービスを提供しなければなりません。

ただでさえ人口減少や産業の空洞化によって財政がひっ迫している自治体にとって、これは非常に大きな負担です。そこで、山間部に住んでいる人々を中心部に誘導し、人口密集地域をコンパクト化することによって、行政サービスの負担を抑えようとする取り組みが静かに始まっているのです。

すでに地方でアパート・マンションを所有する方が今後、土地の買い替えを検討されるのであれば、郊外よりも中心部を選ぶのが正しい選択だといえるでしょう。

また、全国的に見ると、地方から、東京や大阪、名古屋といった大都市圏への人口移動が顕著であることはいうまでもありません。

実際、日本の人口は２００８年の1億２８０８万人でピークを打ち、その後、毎年10万人前後ずつのペースで減少しています。しかし東京都の人口は２００８年12月の１２９７万人から２０１９年8月には１３９４万人と、10年余りで約１００万人も増えています（【図１ - ３】参照）。

人口が増え続けている立地を選ぶのは、賃貸アパート・マンション投資の大原則です。地方の土地オーナーの方が買い替えを検討されるのなら、東京などの大都市圏も選択肢に入れてみてはどうでしょうか。

築10年程度の賃貸物件なら、比較的手ごろに買える

もっとも、このように書くと、「東京の物件は高すぎて、とても十分な利回りが確保で

［図1-3］ 東京都の総人口の推移（1956～2019年）

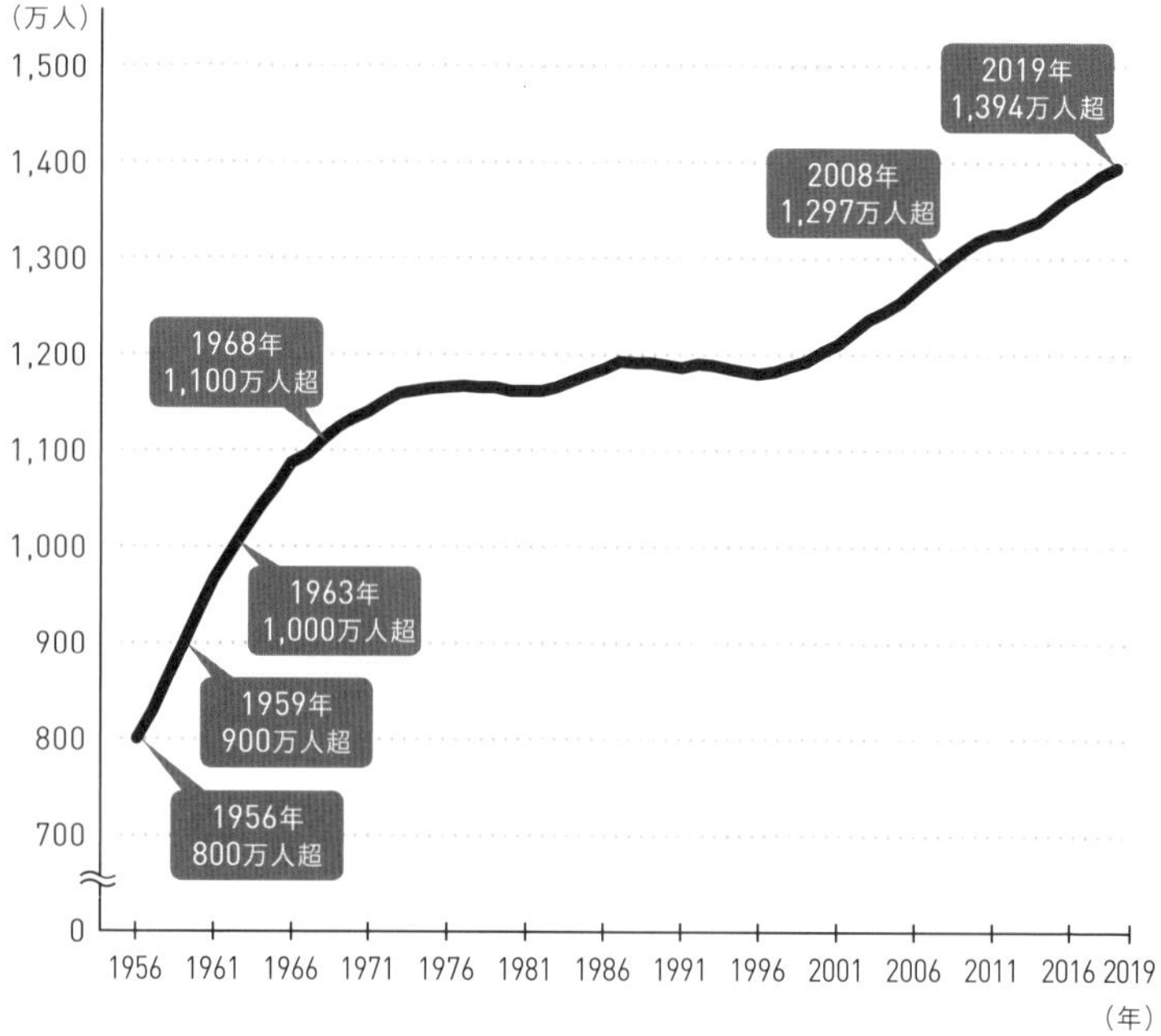

出典：東京都総務局「『東京都の人口（推計）』の概要」（2019年）

きないのではないか」とおっしゃる方もいらっしゃるのではないかと思います。

たしかに、ここ数年の投資ブームによって、東京の賃貸アパート・マンションの価格は大きく上昇しました。ワンルームマンションですら、新築だと1室4000万円以上もする物件が少なくありません。

とはいえ、価格はすでにピークを打ったように思われます。物件の数があまりにも増えすぎたことが原因のひとつですが、投資用不動産に対する不正融資問題が発覚して、金融機関の融資姿勢が慎重になったことが、より大きな原因でしょう。

「買いたくても、お金が借りられないので買えない」という状況では、物件を売りさばけないので、業者は値引きせざるを得なくなります。そのため、東京の賃貸アパート・マンション物件は、以前に比べると買いやすい値段になってきました。

それでも新築の場合、表面利回りは3～4％程度と、依然かなり低い水準です。

筆者は、空室による損失や、修繕・リフォーム費用などを考慮すると、賃貸アパート・マンション投資では最低8％の表面利回りが必要だと考えていますが、とてもその水準には及びません。

こうした点を考えると、東京で賃貸アパート・マンションを取得するのなら、新築よりも、築10年程度の中古物件を選んだほうがいいのではないかと思います。

築10年程度の物件なら、まだ建物の構造にそれほどの傷みはありませんし、エアコンなどの設備を新品に入れ替え、多少のリフォームを施せば新築と同等の家賃を設定することも可能です。

しかも、物件価格とリフォーム費用を合わせても、新築よりも安く仕入れられることが多いので、より高い表面利回りが得られる可能性もあるのです。

また、一般に賃貸アパート・マンション物件の価格は、新築から築10年前後までの間に大きく下がりますが、その後の下がりかたは比較的なだらかになります。

買った時点よりも物件の価値が極端に大きく下がることはないので、融資の借り換えや買い替え、売却などの出口戦略が取りやすくなるというメリットもあるわけです。

一方、中古物件の場合、新築よりも修繕のタイミングが早く訪れるので、その分、維持・管理費用がかかるというデメリットもあります。

また、築10年前後というのは、そろそろ一部の入居者が入れ替わるタイミングでもあります。アパート・マンションの入居者が賃貸借契約を解除する際には、入居時に預けた敷金で原状回復するのが一般的ですが、東京では「経年劣化と入居者の通常の使用による損耗は貸主が負担する」という「賃貸住宅紛争防止条例」(いわゆる「東京ルール」)にのっとって、貸主であるオーナーが原状回復しなければなりません。

入居者が入れ替わるたびに原状回復やリフォームをすると、それだけで家賃数ヵ月分もの費用がかかり、工事期間中は家賃収入も途絶えてしまいます。

新築に比べて利回りが高くなる半面、これらの費用や機会ロスによって収益が下がるリスクがあることは十分考慮しておきましょう。

アパート経営の落とし穴、「デッドクロス問題」とは？

不動産投資が、株式投資やＦＸ（外国為替証拠金取引）といったほかの投資と大きく異なるのは、「資金を借りて投資ができる」という点です。

投資用不動産に対する不正融資問題が発覚して以来、金融機関の融資姿勢は厳しくなり、全額を借りるフルローンや、必要な投資額以上に借り入れるオーバーローンは審査を通りにくくなりましたが、いまでも2～3割程度の頭金を入れれば、残りの7～8割を金融機関から借り入れることは可能です。

手持ち資金が少なくても、数千万円から数億円というまとまった金額の投資ができるのですから、資金効率は抜群です。40～50代から老後の資産形成を始めるなど、限られた年数のうちに、なるべく資産を大きく増やしたいという人にとって、最も目標をかなえやすい投資方法のひとつだといえるでしょう。

しかし、多額の資金が借りられるというメリットの裏には、相応に大きなリスクも潜んでいます。最大のリスクは、借りたお金で取得した賃貸アパート・マンションに入居者が付かず、家賃収入が入らなくなって、月々のローン返済が持ち出しになってしまうことでしょう。

先ほども述べたように、一棟もののアパート・マンションであれば、1～2室空いたとしても家賃収入がゼロになるわけではありません。それでも、家賃収入からローンの返済や諸費用などを差し引いたキャッシュ（資金）は減ってしまうので、資金繰りが苦しくなる恐れがあります。

借り入れを受けてアパート・マンション投資をする場合、空室の増加による資金繰り悪化のほかに、もうひとつ大きな資金ショート（資金繰りが立ち行かなくなること）の〝落とし穴〟があります。

それは、「デッドクロス問題」です。

すでにアパート・マンション投資を行っている方でも、「デッドクロス」とはどういうものなのかをご存じないことが意外に多いようですので、簡単に説明します。

ひと言でいうと、「デッドクロス」とは「ローンの元金返済額が、建物の減価償却費を上回る状態」のことです。

賃貸アパート・マンションの建物部分は、税制上、取得した時点で全額を費用計上するのではなく、利用可能な年数（耐用年数）に分割して、1年ごとに費用計上するルールになっています。これを「減価償却」といいます。

たとえば、1億円で取得した新築一棟もののアパートの建物部分が5000万円、耐用年数が22年（木造）だった場合、5000万円を22年で割った約227万円ずつを毎年の確定申告の際に費用として計上できるのです（「定額法」の場合。減価償却の計算方法には定額法、定率法の2種類があり、定率法を採用すると金額は異なってきます）。

このケースの場合、減価償却費を毎年費用計上することで、22年間にわたって納税額を抑えることができます。

しかも、費用といっても実際にお金が出ていっているわけではないので、納税額が抑えられた分、キャッシュフローは増えることになります。

一方、毎月のローン返済の内訳は、「借りたお金（元金）＋利息」で構成されています。一般的な「元利均等返済」方式の場合、最初のうちは返済額に占める利息の割合が高く（元金の割合が低く）、その後少しずつ元金の割合が高く（利息の割合が小さく）なっていきます。

ローン返済額のうち、費用計上できるのは利息部分のみです。元金はあくまでも「借りたお金」であり、手持ち資金と同然なので、費用とはみなされません。

最初のうちは返済額に占める利息の割合が高いので、より多くの費用を計上できますが、返済が進むに従って元金の割合が高まり、費用計上できる額は減っていきます。

しかも、ローンを返済するためには現金を支出しなければならないので、キャッシュフローも先細ってしまうのです。

減価償却が進むほど計上できる費用は減り、ローン返済の元金部分が増えると、同じように費用が少なくなるので、次第に納税額は増えていきます。

そのうえ、出ていくお金（ローン返済額）は減らないので、一定の時期に達すると、支出が家賃収入を大きく上回り、キャッシュが回らなくなる事態に陥ってしまいます。

その一定の時期こそが、「デッドクロス」のタイミングなのです（【図1－4】参照）。

[図1-4] デッドクロスの仕組み

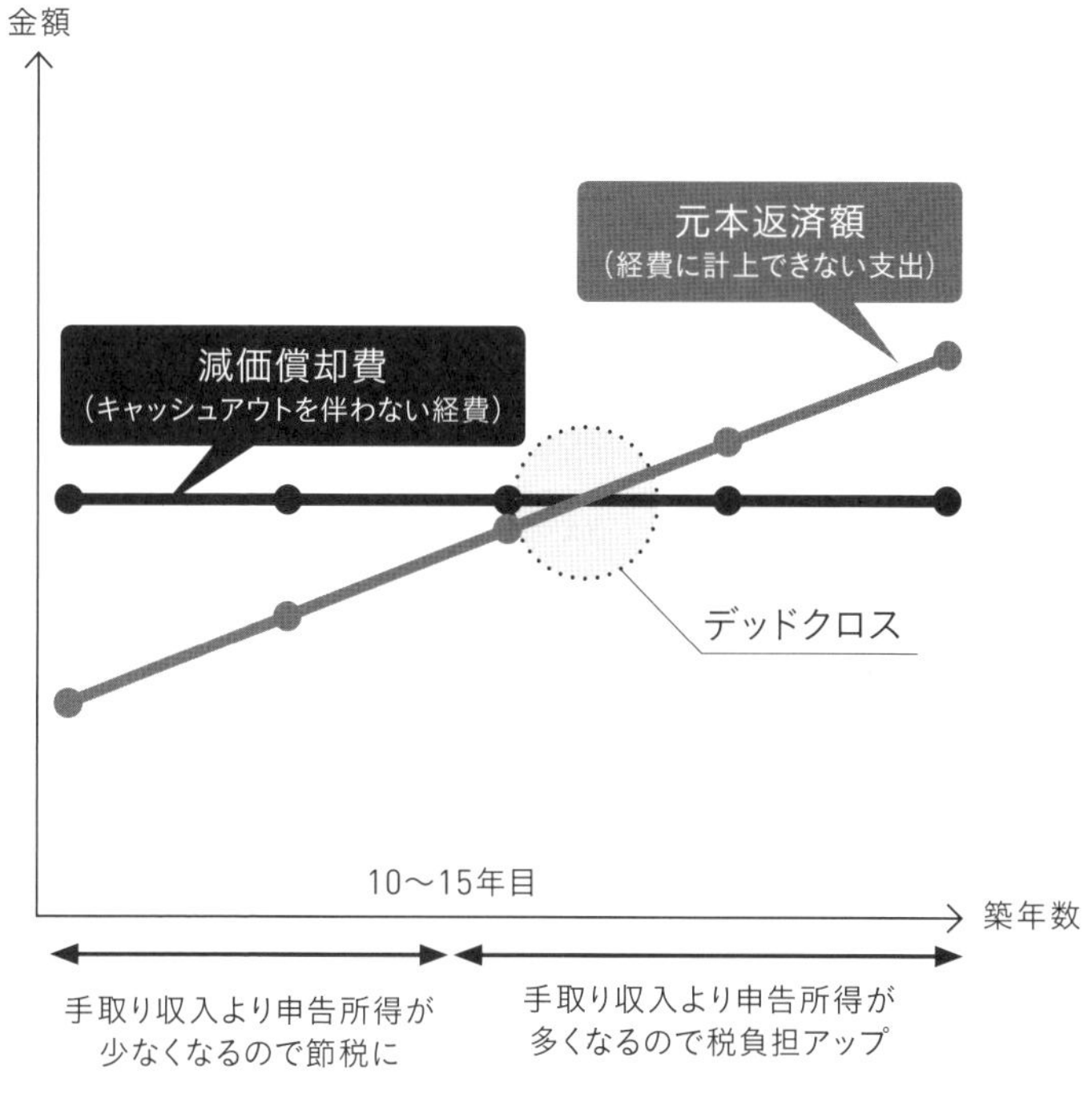

ローンの元金返済額が建物の減価償却費を上回る「デッドクロス」は、物件を取得してから10～15年目ごろに発生するケースが多いようです。

建物の種類が木造かRC（鉄筋コンクリート）造か、ローンをいくら借り入れるのかなどによってタイミングは前後しますが、多額の借り入れをして投資用不動産を取得する場合、「デッドクロス」がいつかは必ずやってくることを想定して対策を打っておかなければなりません。

効果的な対策法として考えられるのは、次の3つです。

① 頭金をなるべく多く入れて、借入額を減らす

② 「デッドクロス」がやってくる前にローンを借り換える

③ 「デッドクロス」がやってくる前に物件を買い替える

建物の減価償却費を増やすことはできませんが、ローンの返済負担は、工夫次第で抑えることが可能です。元金をなるべく小さくするか、返済期間をできるだけ長くして、月々の返済額を抑えるのが有効な手段です。「デッドクロス」がやってくる前にローンを借り換えれば、その分、返済期間を長くできるので回避しやすくなります。

また、「デッドクロス」がやってくる前に物件を売却してしまうのも有効な方法です。売却した資金と住宅ローンで別の物件を購入すれば、再び減価償却費と住宅ローンの利息を費用計上できるようになります。

ただし、これらの「デッドクロス」回避策は、不動産市況や金融機関の融資姿勢によっては、実行が難しくなる場合もあります。

「デッドクロス」がやってきたタイミングで、たまたま不動産市況がよければ、物件を高く売れるかもしれませんが、市況が悪いと安く売らざるを得なくなり、キャピタルロス（売買損失）が発生する可能性もあります。

また、タイミング悪く金融機関の融資姿勢が厳しい状況だった場合は、思うように借り換えができないことも考えられます。

「デッドクロス」がやってくる前でも、市況や金融機関の姿勢をうかがい、良好なタイミングだと判断したら先んじて対策を打っておくべきでしょう。

ちなみに「デッドクロス問題」は、賃貸アパート・マンションだけでなく、オフィスビル・商業ビル、福祉施設、工場・倉庫など、あらゆる種類の不動産投資で起こりうる問題です。ただし、後述するように工場・倉庫の場合、アパート・マンションに比べて建物の建築費用が大幅に安いので、借入額を抑えることができます。しかも、木造やRC造よりも耐用年数の長い鉄骨造が主流です。

そのため、投資先に工場・倉庫を選べば「デッドクロス問題」に陥りにくいというメリットがあるといえそうです。

「家賃保証」って本当？　サブリースの注意点

賃貸アパート・マンションに限らず、あらゆる不動産投資において、最も大きなリスクといえるのが「空室リスク」です。

どんなに利回りの高い物件でも、空きが出てしまうと、たちまち家賃収入が途絶えて利回りはゼロになってしまいます。

一棟もののアパート・マンションなら、1～2室空いてもゼロにはなりませんが、空室が増えるにつれて利回りは下がっていきます。あまりにも空室が増えすぎると、家賃収入がローン返済やその他費用の総額を下回り、赤字になってしまうかもしれません。

そうしたリスクを回避する仕組みとして、賃貸アパート・マンションを購入したオーナーに「サブリース」というサービスを提供する不動産業者があることは、ご存じの方も多いでしょう。

サブリースとは、賃貸アパート・マンションを販売した業者が、その物件をオーナーからまるごと借り上げて賃貸するサービスです。

サブリース契約を交わしたアパート・マンションのオーナーは、満室の家賃総額から10~20%の手数料を差し引いた収入を、毎月安定的に得ることができます。

仮に空室が出たとしても、それはサブリースを請け負った業者側の責任ですから、月々に入ってくる家賃収入が減ることはありません。

手数料は取られるけれど、空室リスクに悩まされなくて済むことから、サブリース契約を選択するオーナーは少なくないようです。

サブリースだけでなく、「家賃保証」をセットにしてサービスを提供している不動産業者もあります。なかには「30年家賃保証」といったように、長期にわたる保証をアピールして、オーナーの安心感をくすぐるケースも見られます。

筆者は、サブリースという仕組みそのものについては、決して悪いものだとは思いません。空室リスクの不安が解消されるのは、オーナーにとって非常に安心だと思いますし、入居付けや建物の維持・管理といった、本来ならオーナーが〝大家さん〟としてやるべきことを業者がすべて行ってくれるので、煩わしさがなくなります。

ただし、「どんな業者とサブリース契約を交わすか」ということについては、十分に注意すべきだと思います。

いまから2〜3年前、ある不動産業者がサブリース契約を履行できなくなって、顧客のオーナーに大きな損害をもたらした事件がありました。新聞やテレビでも連日大きく報道されたので、ご記憶の方も多いのではないでしょうか。

不動産業者が契約どおりに家賃を支払い続けるためには、オーナーから借り上げた物件をしっかり管理・運営していく必要があります。空室が発生したりすると、その分の損失は業者自身が被ることになるからです。

管理がしっかりしていて、経営体力のある業者であれば、借り上げている物件で多少の赤字が出ても、ほかの利益や蓄えで何とか穴埋めできると思います。しかし、管理が甘く、ほかの借り上げ物件でも多数の空室を出している業者や、そもそも経営体力が弱い業者は、約束した家賃をオーナーに支払えなくなる可能性があるのです。

また、そもそも買った物件に十分な収益性がないと、契約どおりの家賃が受け取れなくなる恐れもあります。

たとえば、駅から10分以上も離れた場所にあるアパート・マンションは、入居付けが難しく、空室リスクや家賃下落リスクにさらされやすくなるというデメリットがあります。駅近の物件に比べると価格が安いので、高い表面利回りは得られるものの、収益性が高いとはいえません。

プロの不動産業者でも、こうした物件で安定的に満室を維持するためには、相当の工夫と努力が必要です。工夫と努力を怠って、空室を増やしたり、家賃を下げざるを得なくなったりすると、オーナーに支払うべき家賃が賄えなくなって、サブリース契約の不履行に陥る可能性もあるのです。

ちなみに、サブリース契約に付随する「家賃保証」とは、「家賃の金額」を保証するものではありません。ほとんどの業者は「家賃の支払い」を保証するという意味でこの言葉を使っています。

一般に、サブリース契約の内容は数年ごとに見直されます。見直しのたびに、「周辺の家賃相場が下落したので、お借りしている物件も家賃を下げざるを得なくなった」「修繕費用がだいぶかかったので、その分を差し引かせてほしい」などといった理由で、支払われる家賃が少なくなることもあります。

少なくなっても家賃は支払っているわけですから、「家賃保証」の約束はしっかり守っている、というのが業者側のロジックなのです。

この論理でいけば、たとえ空室がどんなに増えて、業者の収入が減ったとしても、オーナーに支払う家賃の金額を減らすことで契約を履行し続けることが可能になります。

オーナー側が家賃の引き下げに合意しない場合、業者は「それならば」と、サブリース契約の解消を求めてくることもあります。

しかし、契約を解消したら、その後の入居付けや管理の責任はオーナー自身が負うことになります。プロの不動産業者ですら難しい管理をオーナーが行っても、とても収益が上がるとは思えません。

そうした袋小路に陥らないようにするためには、サブリース契約を結ぶ前に、借り上げた物件をしっかり管理してくれる不動産業者かどうかを見極めることが大切です。

また、大都市圏や駅近などにある入居付けに有利な物件であれば、あえてサブリース契約を結ばなくても、空室リスクや家賃下落リスクにほとんど悩まされることなく、安定的な収益が得られるものです。

入居付けや管理を任せるだけなら、不動産業者に支払う手数料は家賃収入の3～5％で済みますから、サブリース契約を交わして10～20％の手数料を支払うよりも、はるかに安上がりです。

地方や、駅から離れた土地を所有するオーナーは、「ここにアパートを建てても、なかなか人は入らない。だったら、『家賃保証』をしてくれる業者にお願いしよう」と、保険の役割を期待してサブリース契約を結ぶ場合が多いようです。

別の選択肢として、大都市圏内や駅近の土地に買い替えてみることも検討してみてはいかがでしょうか。

「オフィスビル・商業ビル」投資のメリット・デメリット

投資用不動産には、アパート・マンションのほかに、オフィスビル・商業ビル、福祉施設、工場・倉庫など、さまざまな種類があることは、すでに述べたとおりです。

最近では、地方の土地オーナーや中小企業経営者などを対象に、都市部のオフィスビル・商業ビルの取得を勧める不動産業者が増えています。

オフィスビル・商業ビルと聞くと、アパート・マンションに比べて敷居が高いように感じるかもしれません。もちろん、十数階建てのビルや、サッカーグラウンドのように広々とした施設であれば、取得価格の大きさはケタ違いとなりますが、規模の小さなものなら、アパート・マンションと同じ程度の資金で購入できます。

オフィスビルを一棟まるごと取得するとなると大掛かりですが、ビルをフロアごとに切り分けて分譲する区分所有タイプのものも供給されており、ワンルーム程度の小さなものなら、数千万円からでも購入可能です。

オフィスビル・商業ビル投資のメリットは、アパート・マンションに比べると入居テナント（ビルの借主）の入居年数が長いことです。

アパート・マンションの場合、単身者向けだと、入居年数はせいぜい2~3年といったところです。入居する単身者の多くは、学生や新入社員、地方から単身赴任してきたビジネスパーソンなので、卒業や結婚、転勤などを機に転居してしまうケースが多く、入れ替わりが激しいのです。

ファミリータイプのマンションであれば、単身者向けよりも入居年数は長くなりますが、「賃貸マンションは、持ち家を得るまでの仮の住まい」と考えている人が多く、入居後に子どもや家財が増えると手狭になることから、10年もしないうちに引っ越すケースが珍しくありません。

その点、オフィスビル・商業ビルのテナントは、業種によってはアパート・マンションの入居者よりも長く入居してもらえる可能性があります。

とくに商業ビルの場合、コンビニエンスストアやファミリーレストランなどのチェーン店は、一度入ると、長く入居してもらえる可能性が高いといえるでしょう。

オフィスビルも、基本的にはアパート・マンションより長く入居してもらいやすい物件ですが、創業したばかりのスタートアップ企業や、ほかの地方に本社を置く企業が開設した支店などの場合、事業の発展とともに、わずか数年で移転してしまうケースもあります。

こうしたテナントは、ワンルームなどの小さなオフィスを選ぶ傾向が強いので、長く入居してもらいたいのなら、なるべく大きめの物件を取得したほうがいいかもしれません。

また、オフィスビルの場合、アパート・マンション以上に、「駅近」であることが立地選びの重要なポイントとなります。

駅から10分以上もかかる通勤に不便な場所だと、従業員が嫌がるので、あまり好まれません。逆に、駅から近ければ近いほどテナントは確保しやすくなりますが、物件価格はどうしても割高になってしまいます。取得する前に、十分な利回りが得られるかどうかをしっかり確認することが不可欠です。

一方、オフィスビル・商業ビルのデメリットとしては、景気が悪化すると、入居付けや賃貸借契約の更新が困難になる可能性が挙げられます。

アパート・マンションのような居住用不動産であれば、景気動向が入居者の行動に影響を及ぼすことはあまりありませんが、法人のテナントは、景気とともに業績が悪化すると、出店の抑制や、オフィス賃料を含む管理費削減などの動きに出ます。

なかでも、オフィス賃料の削減は手を付けやすいリストラ策なので、契約期間半ばで移転されたり、入居し続ける代わりに、賃料の値下げを求められたりすることがあります。

一棟もののアパート・マンションと違って、オフィスビル・商業ビルは、大きなテナントが退去すると、たちまち賃料収入が半分やゼロになってしまうリスクがあります。

景気にかかわらず、安定的な収益を確保したいと思うのなら、アパート・マンションのほうが望ましいかもしれません。

景気に影響されやすいという点では、オフィスビル・商業ビルの場合、物件取得のタイミングにも注意する必要があります。

景気が好調なときには、オフィスビルの稼働率が極端に上がり、物件価格も上昇しますが、いったん景気が悪化すると、市場の需給が緩んで物件価格も一気に下落する恐れがあるからです。

実際、2008年9月にリーマンショックを発端とする世界金融危機が発生した際には、東京のオフィスビルの価格はたちまち半値近くまで下落しました。

2020年現在、東京のオフィスビルの価格は再び高値圏で推移しており、今後景気が後退すると、価格が下落するリスクが高いと筆者はみています。

仮にそうなった場合、いまオフィスビル・商業ビルを買った人は、相当大きな含み損を抱え込んでしまうかもしれません。

オフィスビル・商業ビルの価格は、景気の変化を敏感に察知してドラスティックに動きます。価格変動リスクの大きさは、アパート・マンションなどとは比べものになりません。投資経験が乏しい一般の方々は、あまり手を出されないほうがいいのではないかと思います。

「福祉施設」投資のメリット・デメリット

介護施設や障がい者施設など、福祉施設用の不動産を賃貸する投資がここ数年、注目を集めています。

福祉施設は、要件を満たせば、国や自治体から整備にかかる費用の一部が補助されるため建築コストを抑えられることや、施設への入居者にも助成金が支払われるので、比較的高めの賃料が設定できるというメリットがあります。

そのため、同じ土地に賃貸アパート・マンションを建てるよりも利回りが高くなりやすく、なるべく効率よく収益を上げたいと考える土地オーナーが、福祉施設に投資するケースが増えているのです。

総務省によると、総人口に占める65歳以上人口の割合が2015年には26・6%に達するなど、急速な高齢化が進む日本においては、今後も老人ホームや介護施設の需要が確実に高まっていくはずです（【図1-5】参照）。

その意味で、建物を借りる福祉施設運営業者はアパート・マンションのように〝空室リスク〟に悩まされる心配は少ないといえますし、何より老人ホーム・介護施設の入居者は、〝終《つい》の住処《すみか》〟として長く入居してくれます。

できる限り安定的に収益を確保したいと考えている土地オーナーにとっては、理想の選択肢のひとつといえるかもしれません。

このように、一見いいことずくめに見えますが、福祉施設投資にもまったくデメリット

[図1-5] 日本の高齢化率の推移と将来推計

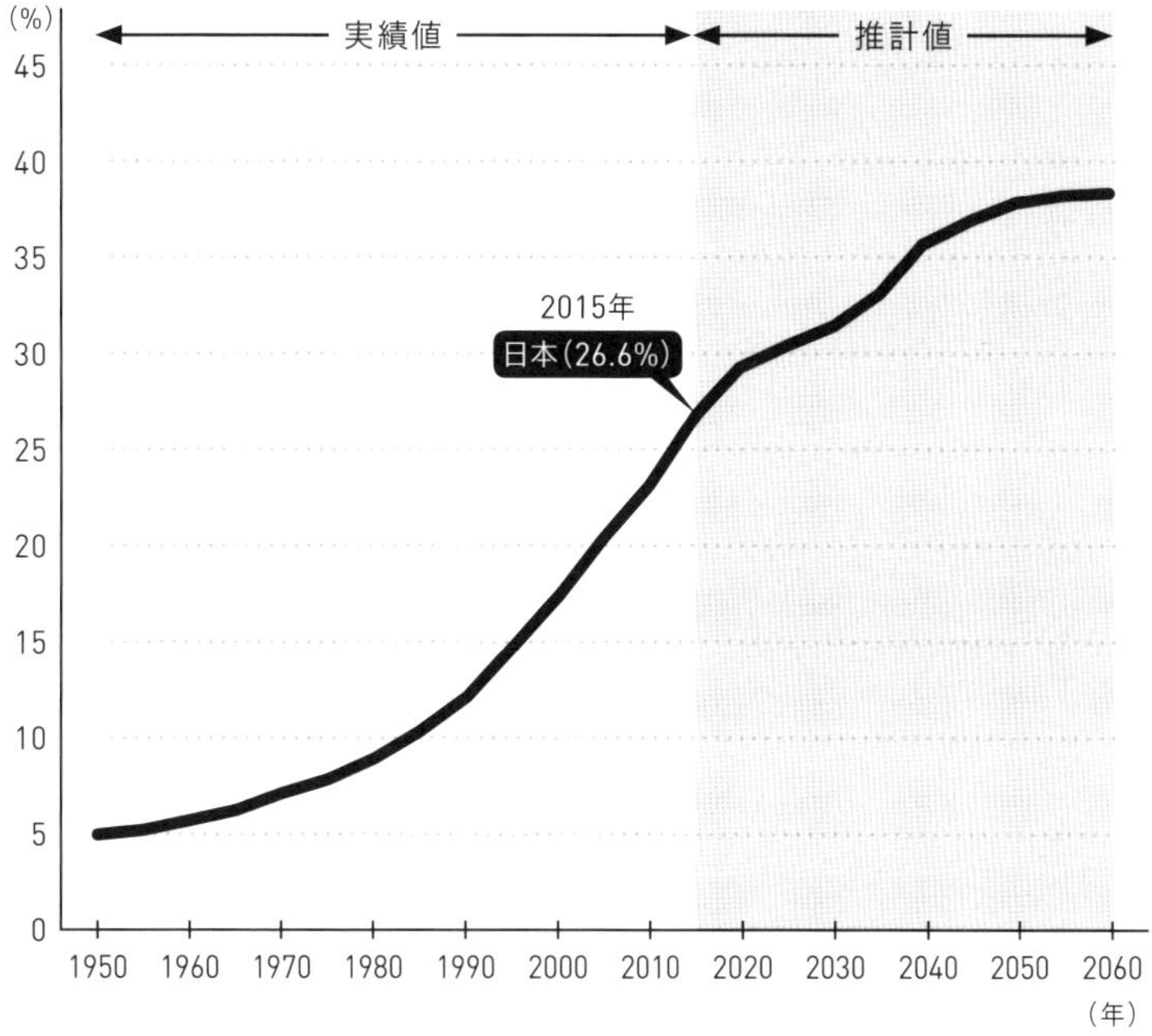

出典：内閣府「令和元年版高齢社会白書」

がないわけではありません。

最も大きな問題は、福祉施設用として建てた建物は、ほかの用途に転用しにくい点です。いったん賃貸する運営業者が決まれば、よほどのことがない限り中途解約されることはないと思いますが、万が一解約された場合、次に借りる運営業者が見つからなければ建物が無駄になってしまいます。

代わりの運営業者が見つからず、別の用途の建物に建て替える場合は、取り壊すしかありません。しかし、福祉施設用の建物は、法令にのっとってしっかりとした構造で造らなければならないので、解体には多額の費用がかかります。

せっかく賃貸で収益を上げても、建物の解体によって、そのかなりの部分が吹き飛んでしまう恐れがあるのです。

このリスクを避けるためには、運営業者と賃貸借契約を交わすときに保証金を預かり、万が一、中途解約をする場合は、その保証金を解体費用に充てることを取り決めたほうがいいと思います。

また、建築コストをなるべく抑えたいのなら、建てる前に賃貸する運営業者を決め、業者の意向に沿った仕様・デザインの建物にする代わりに、建設協力金を支払ってもらうという方法もあります。

この場合、契約満了時に、運営業者から建物の買取請求を受ける可能性がありますが、これを避けるためには、事業用定期借地権を設定しておくといいでしょう。

事業用定期借地権を設定した場合、借主である運営業者には、最短10年から最長50年の借地期間が満了した時点で、建物を取り壊して貸主に返還することが義務付けられます。

この方法ならオーナーは、子どもや孫の代まで余分な費用負担を持ち越さなくても済むようになるわけです。

「工場・倉庫」投資のメリット・デメリット

数ある投資用不動産の中でも、あまり注目されていないのが工場・倉庫です。

アパート・マンションや、オフィスビル・商業ビルなどに比べると、何となく地味な印象があるからかもしれません。

また、ほかの投資用不動産に比べて「需要は見込めるのか」「十分な賃料収入や利回りは確保できるのか」「管理が面倒なのではないか」といった点について、不安を感じる方もいらっしゃるようです。

じつは、工場・倉庫には、アパート・マンションやオフィスビル・商業ビルなどを上回る投資用不動産としての魅力がいくつもあります。

主なメリットは次のとおりです。

①建築コストが安い
②どんな用途の建物にも〝変身〟できる
③駅から離れていても需要が見込める
④老朽化しても賃料が下がりにくい
⑤メンテナンス費用がほとんどかからない
⑥解体費用が安く済む

以下、６つのメリットについて詳しく見ていきましょう。

①建築コストが安い

アパート・マンションやオフィスビル・商業ビルに比べて、建物の構造がシンプルな工場・倉庫は、そもそも建築コストが安上がりです。

一般倉庫の場合、1平方メートル当たりの総工事費単価の調査結果によると、マンションに比べて10万円ほど安くなります。

不動産投資で収益を上げる基本は、「物件をなるべく安く仕入れて、なるべく高い賃料で貸すこと」です。建築コストを抑えられれば、当然、利回りは上がります。

また、新たに土地を取得して不動産投資を始める場合、建築コストが安上がりで済めば、より多くの土地を取得できるようになります。

不動産投資では、同じ金額で投資をするのであれば、建物よりも土地をどれだけ広く確保できるかが重要です。建物は時間の経過とともに価値が下がり、最後にはゼロになりますが、土地は経年によって価値が下がることはありません。

もちろん、その時々の不動産市況によって地価が変動することはありますが、資産の価値を長く保ちたいのであれば、土地をなるべく広く取得することが不可欠なのです。

所有する土地が広ければ広いほど、金融機関からの信用も高まり、融資が受けやすくなるというメリットもあります。

②どんな用途の建物にも〝変身〟できる

アパート・マンションやオフィスビル・商業ビルなど、投資用不動産にはそれぞれの用途にしか活用の幅がありません。最初から用途に沿って構造や間取りを設計しているので、ほかの用途に転用するのが難しいのです。

用途が限定されてしまう物件の最たるものは、福祉施設でしょう。法令にのっとった特殊な構造や設備などを備える必要があるので、ほかの用途に転用するのは、ほとんど不可能だといえます。

その点、工場・倉庫は、鉄骨に化粧板を貼るだけのシンプルな〝箱〟ですから、いかなる用途にも使えます。間仕切りやレイアウトを工夫すればオフィスにもなりますし、広い空間を利用して大規模店舗を造ることもできます。

たとえば筆者が代表を務めるタープ不動産情報（以下、当社）のオーナーさまは、次のような用途で工場・倉庫を活用しておられます。

・室内テニスコート
・バッティングセンター
・クライミング、フィットネスなどの遊戯施設
・ドローンの練習場
・じゅうたん販売店

・ショールーム
・自動車販売店
・ディスカウントストア
・ドラッグストア

ここで紹介したのは、あくまでもほんの一例です。

工場・倉庫というと、限定されたイメージでとらえられがちですが、アイデア次第でいかようにも活用できる〝魔法の箱〟なのです。

構造がシンプルな工場・倉庫は、リフォームが自由に行えるのも大きな魅力です。後から窓を付けたり、外したりするのも簡単ですし、入り口のシャッターを1枚から2枚にする、幅2メートルのシャッターを4メートルに変更するといった大掛かりな変更も、比較的簡単にできます。

しかも、こうしたリフォーム工事は通常、テナントが行うので、オーナーが費用を負担する必要はありません。

③駅から離れていても需要が見込める

賃貸アパート・マンションやオフィスビルは、「駅から近いこと」が安定的な入居付けのための絶対的な条件です。駅から10分以上離れていると、通勤や生活に不便であることから、どうしても入居希望者に敬遠されやすくなってしまいます。

その点、工場・倉庫は、駅から離れていても十分な賃貸需要が見込めます。むしろ、トラックによる搬入・搬出、騒音、においなどで近隣住民に迷惑をかける可能性があることを考えると、駅から離れている立地のほうが理想的といえるかもしれません。

郊外で老朽化アパートなどを経営している土地オーナーの方の中には、駅近の土地に買い替えてアパート・マンションを建てることを検討されている方も多いと思いますが、アパートを取り壊して工場・倉庫用の建物を建てれば、土地を動かさなくても収益力を上げられる可能性があります。

これから土地を仕入れて不動産投資を始めようとされている方にとっても、駅から離れた場所でも収益チャンスがある工場・倉庫は、理想的な投資対象だといえます。駅近の土地に比べて、取得コストを大幅に抑えられるからです。

④老朽化しても賃料が下がりにくい

一般に、賃貸アパート・マンションの家賃は、建物の経年劣化とともに下がっていきます。新築マンションの家賃を100とした場合、築10年で90、築20年では80といったように、10年で1割程度のペースで収益力が落ちていくのです。

これをカバーするためには、こまめに内外装をリフォームして建物の魅力を維持することが必要ですが、大掛かりなリフォームを施すと多額の費用がかかり、物件の利回りが下がってしまいます。

一方、工場・倉庫は、建物がどんなに劣化しても、家賃収入に影響を及ぼすことはほとんどありません。なぜなら、工場・倉庫は、「新しさ」よりも、むしろ「空間をどれだけ使えるか」が重視されるからです。

また、工場・倉庫の場合、建物のリフォームはテナントが自ら行うのが一般的です。空間さえ用意すれば、それぞれのテナントが自分たちの使いやすさやデザインコンセプトに応じて内外装を仕上げてくれます。どのみち改装するのですから、建物の新しさや古さは、ほとんど関係ないわけです。

実際、工場・倉庫の賃料相場は、築5年程度までは多少下がりますが、その後は下落が止まって横ばいが続くようになります。

建物が劣化しても一定の賃料収入が維持できる工場・倉庫は、長期にわたって安定的なインカム（収入）を得たいと考えられている方には、非常に魅力的な投資用不動産だと思います。

⑤メンテナンス費用がほとんどかからない

すでに述べたように、工場・倉庫のリフォームは、ほとんどの場合、テナントが行います。オーナーは何もない〝箱〟を提供するだけでよく、リフォームやメンテナンスの費用を負担する必要は原則としてありません。エアコンなどの設備についても、基本的にはテナントの負担で設置することになります。

例外的に、前のテナントが置いていったエアコンなどを次のテナントに使わせるような場合には、そのメンテナンス費用をオーナーが負担することもありますが、賃貸借契約時に「前のテナントが設置した残置物なので、責任を負いません」と一筆加えておけば、その義務を免れることは可能です。

建物に関してオーナー側が負担するコストを挙げるとすれば、せいぜい外壁塗装や防水対策にかかる費用程度でしょう。アパート・マンションやオフィスビルなどに比べて、格段に安上がりで済むはずです。

リフォームやメンテナンスの費用が安上がりで済むということは、その分、賃料収入から費用を差し引いた〝手残り〟が多くなるということです。

そのうえ、つねに建物のコンディションに気を配り、リフォームやメンテナンスを手配する手間からも解放されるのですから、非常にありがたいことです。

⑥解体費用が安く済む

建物の構造がシンプルな工場・倉庫は、構造が複雑なアパート・マンションやオフィスビル・商業ビルに比べて、かなり安上がりに解体できます。

将来、建物が著しく老朽化したり、テナントが付かなくなったりした場合、解体費用の安い工場・倉庫であれば、別の建物に建て替えて収益力アップを図るという決断のハードルが下がるはずです。

以上見てきたように、工場・倉庫には、ほかの投資用不動産にはないさまざまなメリットがあります。

もちろん、工場・倉庫にもデメリットがないわけではありません。工場・倉庫を設置するには、大型機械や棚の導入など、相応の初期投資がかかるので、一度テナントが入ると、長期にわたって借り続けてもらえることが期待できます。

その半面、ほとんどの場合、一棟の工場・倉庫をひとつのテナントがまるごと借り上げるので、そのテナントが賃貸借契約を解除すると、たちまち賃料収入が100からゼロになってしまうという大きなリスクが潜んでいます。

もうひとつのデメリットは、工場・倉庫を専門とする不動産仲介業者が限られていることです。

アパート・マンションを扱う仲介業者は星の数ほどありますが、工場・倉庫の仲介には独特の知識や情報ネットワークを必要とするため、参入が非常に難しいのです。

仲介業者の経験や情報が乏しいと、オーナーから入居者募集の依頼を受けても、すぐにテナントを見つけることができないので、機会損失リスクが高まります。

また、アパート・マンションなら、地域ごとや、築年数ごとの家賃相場が把握できていても、工場・倉庫の相場はよくわからないので、あまりにも安すぎる賃料でテナントにオファーされてしまうという恐れもあります。

こうしたリスクを避けるためには、取引実績の豊富な工場・倉庫専門の不動産仲介業者を選ぶことが大切だといえますが、残念ながら、筆者の知る限り、そうした専門業者はあまり多くありません。

とはいえ、工場・倉庫は、総合的に見るとほかの投資用不動産に比べてメリットが多く、選択する価値の大きな投資手段であるといえます。

専門的な知識や情報ネットワークを持ち、オーナーの悩みにしっかり応えてくれる仲介業者が見つかれば、取り組んでみてもいいのではないでしょうか。

工場・倉庫投資は、空いている土地の有効活用や、収益が上がらなくなった老朽化アパートの建て替え、生産緑地の用途変更などを検討されている方にとって、非常に有効なソリューションだと思います。

先ほども述べたように、日本では「空き家問題」がますます深刻になっていますが、放置された空き家を工場・倉庫に建て替えれば、社会問題の解決にも少なからず役立つのではないでしょうか。

繰り返しになりますが、「不動産投資といえば、賃貸アパート・マンション投資」という先入観に縛られることなく、より広い視点でとらえてみてください。

第2章

売却か、建て替えか、それとも買い替えか、立地と目的にかなった土地活用を考える

土地の可能性によって、生かし方は変わってくる

第1章では、投資用不動産の主な種類として、①アパート・マンション、②オフィスビル・商業ビル、③福祉施設、④工場・倉庫の4つを挙げ、それぞれのメリット・デメリットについて比較しました。

総合的に見ると、場所を問わず、どんな用途にも使えるので、空室リスクを抑えやすい工場・倉庫が最も魅力的であるということは、ご理解いただけたのではないでしょうか。工場・倉庫は、ほかの投資用不動産に比べると建築コストが格安なので、表面利回りを上げやすいのも大きなメリットです。

しかし、ほかの投資用不動産は選択に値しないというわけではありません。なぜなら、立地によっては、むしろアパート・マンションやオフィスビル・商業ビルなどを選んだほうが、効率よく収益を上げられる可能性もあるからです。

不動産投資の成否を分けるのは、何といっても立地です。

それぞれの投資用不動産にふさわしい立地を選定すれば、ポテンシャルが最大限に発揮され、安定的な収益を上げてくれるようになります。

逆に、本来ふさわしくない立地にアパート・マンションやオフィスビル・商業ビルを建ててしまうと、入居付けに苦しみ、賃料収入の減少や管理コストの増加によって、赤字経営に陥ってしまう可能性が高くなるのです。

また、本章では後述するように、土地の利用には都市計画法に基づく制限が設けられており、どんなに工場・倉庫が魅力的でも、用途地域によっては建築できないこともあります。

すでに土地を持っていらっしゃる方や、生産緑地をこれから活用しようと考えていらっしゃる方は、そうした法的制約を考慮しながら、実現可能な活用法を考えていく必要があるわけです。

いま持っている土地が希望する生かし方に向いていない、あるいは用途地域の制限によって生かせないというのであれば、建物を建てる前に、土地そのものの買い替えを検討したほうがいいかもしれません。

なかには、「代々受け継いできた土地を売るのは、ご先祖様に申し訳ない」とか、「愛着のある土地なので、絶対に手離したくない」と言う方もいらっしゃるでしょう。

そういう場合は、いまある土地を最大限に生かせる投資対象を選ぶ必要があります。

駅から10分以上離れた立地は、アパート・マンションやオフィスビル・商業ビルには適していませんが、福祉施設や工場・倉庫であれば、十分に生かせる可能性があります。

たとえば、郊外の土地で老朽アパートを経営していて、空室の増加や家賃の下落に悩んでいらっしゃる方は、新しいアパートに建て替えるよりも、いったん更地にして工場・倉庫に建て替えたほうが、より安定的な収益を確保しやすくなるかもしれません。

もちろん建て替えるとなると、いまある建物の解体費用や、新しい建物の建築費用など、多額の費用が発生します。

それらの初期投資を行っても、十分カバーできるだけの収益が確保できるかどうかをしっかりとシミュレーションすることが大切です。

以下、「どの投資用不動産には、どのような立地が適しているのか」について、より詳しく見ていきます。

①アパート・マンションに向いているのはどんな立地？

繰り返し述べてきたように、アパート・マンションなど、賃貸住宅の経営に適しているのは、駅から徒歩10分圏内の立地です。

この立地を確保することは、賃貸アパート・マンション経営を成功させるための絶対条件といってもいいでしょう。

あなたが所有する土地がこの条件を満たしていらっしゃるのなら、アパート・マンションを新築するという選択肢もありうると思います。

すでにアパート・マンションを経営していて、空室の増加や家賃の下落に悩んでいらっしゃるなら、建物の老朽化具合に合わせて、大規模リフォームを施すか、建て替えを検討してみましょう。もちろん、前者のほうが安上がりに済みますので、初期投資を大幅に抑えることができます。

所有する土地が駅から徒歩10分以上離れている場合は、リフォームや建て替えを行っても、入居者が確保できず、コスト負担が無駄になってしまう恐れがあります。アパート・

マンションにこだわることなく、駅から離れた場所でも入居付けが期待できる福祉施設や工場・倉庫に建て替えたほうがいいかもしれません。

また、駅近の土地でも、大都市圏や地方の中心都市から外れたエリアの場合は、人口減少の進行とともに入居付けが困難となる恐れがあります。

そうした場合は、一極集中によって人口が増え続けている大都市圏や、コンパクトシティ化が進む地方都市の中心部の土地に買い替えることも検討してみてはどうでしょうか。

②オフィスビル・商業ビルに向いているのはどんな立地？

オフィスビルも、賃貸アパート・マンションと同様に、駅から徒歩10分圏内の立地がテナントから好まれやすい傾向にあります。

少子高齢化の進行とともに、企業の人材確保は年々困難になっており、「オフィスが通勤しやすい場所にある」ということが、人材採用の際に大きなアピールポイントのひとつになるからです。

物販店舗や飲食店、コンビニエンスストアなどが入居する商業ビルも、たくさんの人が集まる駅前や駅近が絶好の立地です。

郊外の土地を持っていらっしゃる方が、あえてオフィスビル・商業ビルを建てたいと考えるのなら、賃貸アパート・マンションと同じように、駅近の土地に買い替えることを検討してみてはどうでしょうか。

各駅停車しか止まらない駅よりも、特急や急行の止まる駅、複数の路線が乗り入れるターミナル駅のほうが、入居付けがしやすく、より高い賃料を設定できるのはいうまでもありません。ただし、物件の取得価格も高くなり、十分な利回りを得られなくなったり、「デッドクロス問題」で苦しんだりするリスクも高まります。

また、第1章でも述べたように、オフィスビル・商業ビルの入居付けや賃料相場は経済状況に影響されやすく、景気が悪くなると、収益も著しく悪化する恐れがあります。駅近の土地を活用するのなら、景気の影響を受けにくく、空室リスクも分散できる賃貸アパート・マンションを選ぶほうが無難ではないかと思います。

③福祉施設に向いているのはどんな立地？

ひと口に福祉施設といっても、その種類は老人ホーム、介護施設、障がい者施設などさまざまです。施設の種類や、提供するサービスの形態によって、ふさわしい立地は異なってきます。

入居型施設であれば、自然に恵まれた静かな環境が好まれやすく、デイサービスなどの通所型施設であれば、通いやすい街の中心部が絶好のロケーションです。言い換えれば、どんな立地であろうと、それに適した施設を誘致することが可能なのです。

郊外の土地を持っていらっしゃる方の場合、賃貸アパート・マンションのように、わざわざ駅近の土地に買い替える必要はありませんし、アパート・マンションよりも空室リスクが低く、安定的に収益を確保できる可能性もあります。

老朽化したアパートの建て替えを検討していらっしゃる方や、生産緑地の指定を解除してアパート・マンションを建てることを考えていらっしゃる方は、福祉施設への建て替えも検討してみてはいかがでしょうか。

ちなみに、後述するように、福祉施設をテナント（施設運営業者）の仕様に合わせた「オーダー建物」として建築する場合、用途地域の制限にとらわれなくなるので、どんな土地でも建てられるようになります。

④工場・倉庫に向いているのはどんな立地？

数ある投資用不動産のなかでも、とくに立地の選択余地が大きいのが工場・倉庫です。第1章でも述べたように、工場・倉庫は、駅から離れた場所でも入居が確保しやすいというメリットがあります。

逆に駅から近い立地でも、周囲の環境に影響を及ぼす騒音や振動、においなどを出さない工場・倉庫なら、用途地域の制限を受けることなく建築できる場合もあります。

そもそも、工場・倉庫用の建物は、店舗やレストラン、レクリエーション施設など、さまざまな用途に使用できる〝魔法の箱〟なので、入居するテナントの業種や用途を限定すれば、事実上、どんな土地にでも建てられるのです。

先祖代々の土地や、愛着のある土地を手離したくないという方なら、買い替えをすることなく、いまある土地を自在に活用できるようになるので、工場・倉庫の建築も検討されてみてはどうでしょうか。

工場・倉庫は建築コストが安いので、賃貸アパート・マンションを建てるのと比べると初期投資はかなり抑えられますし、空室リスクや家賃の下落リスクに悩まされる心配が少ないのもメリットです。

ただし、後述するように、第一種低層住居専用地域、第二種低層住居専用地域、第一種中高層住居専用地域、第二種中高層住居専用地域など、一部の用途地域については、工場・倉庫の建築に制限が設けられています。

これらの地域にある土地に工場・倉庫を建てたいと考える場合は、福祉施設と同じように、テナントの仕様に合わせた「オーダー建物」にする方法もあります。

たとえば、大手ファストフードチェーンやコンビニエンスストアチェーンなどの店舗用として賃貸借契約を結ぶと、内装だけでなく、建物そのものも各チェーンの仕様に合わせて建築するので、オーダー建物となります。

オーダー建物にすると、テナントから建設協力金を受け取れるケースもあるので、初期投資をさらに抑えることも可能です。

用途地域の種類に応じて、活用法を考える

ここで、土地活用を制限する「用途地域」とはどのようなものなのかについて、簡単に

見ておきましょう。

用途地域とは、建築できる建物の種類、用途の制限を定めたルールのことです。すべての土地に定められるものではなく、都市計画法によって、都市の環境保全や利便性増進のため、制限を設けたほうがよいと判断された地域が対象となります。

たとえば、住宅が密集している地域に、後から工場や倉庫などを建てると、騒音や振動、においなどが発生して、住環境が損なわれてしまうかもしれません。

また、1~2階建ての低層住宅が集まっている場所に、後から十数階建てのマンションやオフィスビルなどが建築されると、すでにある低層住宅の日当たりが悪くなり、街全体の景観も損なわれてしまう恐れがあります。

こうした問題を未然に防ぎ、住宅は住宅、オフィスはオフィス、工場は工場と、機能ごとに地域を区分する目的で、用途地域というルールが設けられているのです。

具体的には、次の13の用途地域が設けられています。

〈住居系用途地域〉

①第一種低層住居専用地域

「低層住宅に係る良好な住居の環境を保護するため定める地域」（都市計画法第9条、以下同じ）と定義されています。

良好な住環境を確保するため、建築物の高さは10メートル（または12メートル）までに制限されています。高さ制限が10メートルまでになるか、12メートルまでになるかは各自治体の都市計画によって決まります。

住宅、共同住宅、寮のほか、図書館、幼稚園、小学校、中学校、高等学校、公衆浴場、老人ホームなどが建てられます。

一方、大学、専修学校、病院、店舗、事務所、工場、ホテル・旅館、遊戯施設・風俗施設、自動車教習所、倉庫業の倉庫などは建てることができません。

②第二種低層住居専用地域

「主として低層住宅に係る良好な住居の環境を保護するため定める地域」と定義されています。

主に低層住宅を中心とし、建物の高さが10メートルまで（または12メートルまで）に制限されているのは第一種低層住居専用地域と同じですが、第一種低層住居専用地域では認められていない店舗（日用品販売店舗、喫茶店、理髪店などのみ）、2階以下で作業場の面積が50平方メートル以下のパン屋などの工場を建てることができます。

コンビニエンスストア向けの建物などを建てたいと考えるなら、周囲にたくさんの客（住民）がいるのでぴったりかもしれません。

③第一種中高層住居専用地域

「中高層住宅に係る良好な住居の環境を保護するため定める地域」と定義されています。

2階以上であれば、①②では認められていない店舗（物品販売店舗、飲食店、銀行の支店など）も建てられます。

この専用地域内にある土地なら、コンビニエンスストアのほか、ファミリーレストランやファストフードなどの店舗を建てることが可能です。

④第二種中高層住居専用地域

「主として中高層住宅に係る良好な住居の環境を保護するため定める地域」と定義されています。

住宅など以外で認可される建物の用途は③よりも広く、店舗については業種の制限がありません。ただし、店舗の大きさは「2階以下、かつ1500平方メートル以下」に制限されています。

また、③ではオフィスビルを建てることはできませんが、④では2階以上、かつ1500平方メートル以下の事務所の建築が認められています。

⑤第一種住居地域

「住居の環境を保護するため定める地域」と定義されています。

住宅など以外で認可される建物の用途は④よりもさらに広く、3000平方メートル以下の店舗（あらゆる業種）および事務所、危険や環境悪化の恐れが非常に少ない作業場面積が50平方メートル以下の工場、ホテル・旅館（3000平方メートル以下）、ボウリング場・スケート場・ゴルフ練習場など（同）、自動車教習所（同）などを建てることができます。

⑥第二種住居地域

「主として住居の環境を保護するため定める地域」と定義されています。

住宅など以外で認可される建物の用途は⑤とほぼ同じですが、事務所、ホテル・旅館、ボウリング場・スケート場・ゴルフ練習場など、自動車教習所については面積の制限がなくなります。

また、1万平方メートル以下であればカラオケボックス、ぱちんこ屋、麻雀《マージャン》屋なども建築することができます。

ただし、あくまで住居の環境を保護するために定められた専用地域なので、これらの遊戯施設については、なるべく慎重に計画する必要があります。

⑦準住居地域

「道路の沿道としての地域の特性にふさわしい業務の利便の増進を図りつつ、これと調和した住居の環境を保護するため定める地域」と定義されています。

⑥で認可されている建物のほか、客席が200平方メートル未満のミニシアター、倉庫業の倉庫を建築することができます。

住居系用途地域の中では、認可される建物の用途が最も多く、唯一、倉庫業の倉庫を建てられる地域です。

⑧田園住居地域

生産緑地以外の市街化区域内農地において、「農業の利便の増進を図りつつ、これと調和した低層住宅に係る良好な住居の環境を保護するため」に定められた地域です。

（1）土地の形質の変更、（2）建築物・工作物の建築、（3）一定の土石などの堆積を行おうとする場合には市町村長の許可が必要です。

また、建物の用途は、低層住居専用地域に建築可能なもの（住宅、老人ホーム、診療所など）、または農業用施設（農業の利便増進に必要な店舗・飲食店などで500平方メートル以内のもの、農産物の生産・集荷・処理・貯蔵に供するもの、農産物の生産資材の貯蔵に供するもの）に限られています。

〈商業系用途地域〉

⑨近隣商業地域

「近隣の住宅地の住民に対する日用品の供給を行うことを主たる内容とする商業その他の業務の利便を増進するため定める地域」と定義されています。

認可される建物は⑦とほぼ同じですが、危険や環境悪化の恐れが少ない工場については、作業場面積が「50平方メートル以下」から「150平方メートル以下」に広がります。多少大きめの工場が建築可能ですが、住宅や店舗が密集する地域なので、なるべく周辺の環境に配慮して計画する必要があります。

⑩商業地域

「主として商業その他の業務の利便を増進するため定める地域」と定義されています。

認可される遊戯施設の範囲が、映画館・劇場（客席面積の制限なし）、キャバレー、個室付き浴場まで広がります。

作業場面積が150平方メートル超の工場を除けば、ほとんどすべての建物が建築できる地域です。

〈工業系用途地域〉

⑪準工業地域

「主として環境の悪化をもたらすおそれのない工業の利便を増進するため定める地域」と定義されています。

認可される建物の用途は⑩とほぼ同じですが（個室付き浴場は除く）、危険や環境悪化の恐れが少ない工場については、作業場面積の制限がなくなります。

ただし、危険性が大きいか、著しく環境を悪化させる工場は、建築そのものが認可されません。

⑫工業地域

「主として工業の利便を増進するため定める地域」と定義されています。

危険性や、環境を悪化させる可能性の大きさにかかわりなく、あらゆる工場を建てることができます。作業場面積の制限もありません。

一方で、住宅、共同住宅、寮、図書館、公衆浴場、老人ホーム、店舗、事務所などは建てられる半面、幼稚園、小学校、中学校、高等学校、大学、専修学校、病院、ホテル・旅館などの建築は認められません。映画館・劇場や、キャバレー、個室付き浴場などの遊戯施設も認可の対象外です。

⑬工業専用地域

「工業の利便を増進するため定める地域」と定義されています。

工業専用なので、あらゆる工場が建築できるほか、公衆浴場、店舗（飲食店などを除く）、事務所、カラオケボックス、自動車教習所、倉庫業の倉庫の建築も認められています。

一方で、住宅や学校、病院、老人ホーム、飲食店、遊戯施設などは建築できません。

以上のように、すでに持っている土地に「どんな建物が建てられるのか」という選択肢は、用途地域によって大きく変わってきます。

建物が用途地域にそぐわなければ、用途を変更するか、土地そのものを買い替える必要があるわけです。

なお、どのエリアがどの用途地域なのかについては、各自治体がホームページで公開している都市計画で確認できます。詳しく知りたい場合は、役所に電話やメールで尋ねてみましょう。

知っておきたい「建ぺい率」と「容積率」

用途地域では、建物の用途のほかに、「建ぺい率」と「容積率」の制限も設けられています。

建ぺい率とは、敷地面積（建物を建てる土地の面積）に対する建築面積（建物を真上から見たときの面積）の割合のことです（【図2‐1】参照）。

［図2-1］ **建ぺい率の求め方**

建ぺい率＝敷地面積に対する建築面積の割合

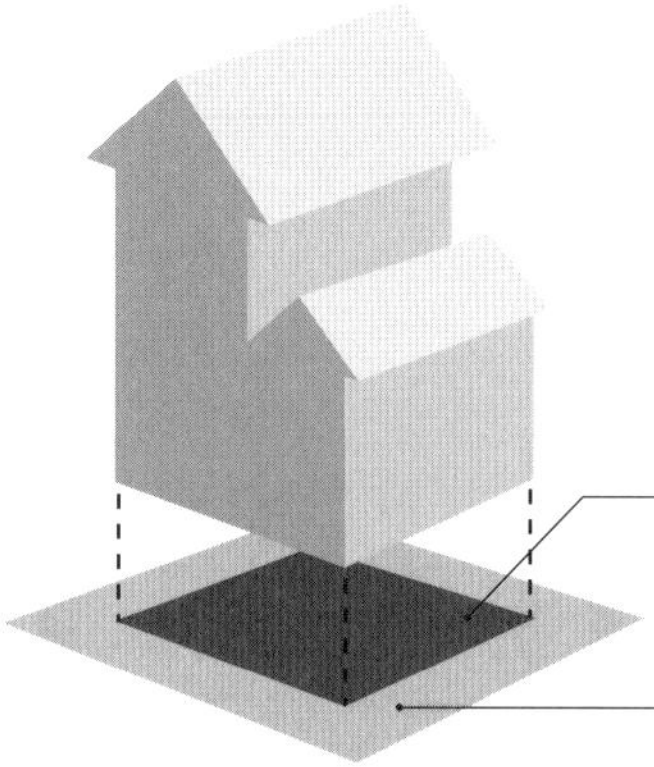

$$\text{建ぺい率}(\%) = \frac{\text{建築面積}}{\text{敷地面積}} \times 100$$

$$40\% = \frac{60\text{㎡}}{150\text{㎡}} \times 100$$

たとえば、敷地面積が150平方メートル、建築面積が60平方メートルなら、建ぺい率は40%となります。計算式は次のとおりです。

60（平方メートル、建築面積）÷150（平方メートル、敷地面積）×100（%）=40%（建ぺい率）

どんなに敷地面積が広くても、用途地域ごとに制限されている建ぺい率を上回る広さの建物は建てられません。用途地域ごとの建ぺい率は、次のとおりです。

〈建ぺい率30～60%〉（※）

第一種低層住居専用地域
第二種低層住居専用地域
第一種中高層住居専用地域
第二種中高層住居専用地域
田園住居地域
工業専用地域

（※）自治体ごとの都市計画によって異なる（以下同）

〈建ぺい率50〜60％〉

工業地域

〈建ぺい率50〜80％〉

第一種住居地域

第二種住居地域

準住居地域

準工業地域

〈建ぺい率60〜80％〉

近隣商業地域

〈建ぺい率80％〉

商業地域

[図2-2] 容積率の求め方

容積率＝敷地面積に対する建物の延べ床面積の割合

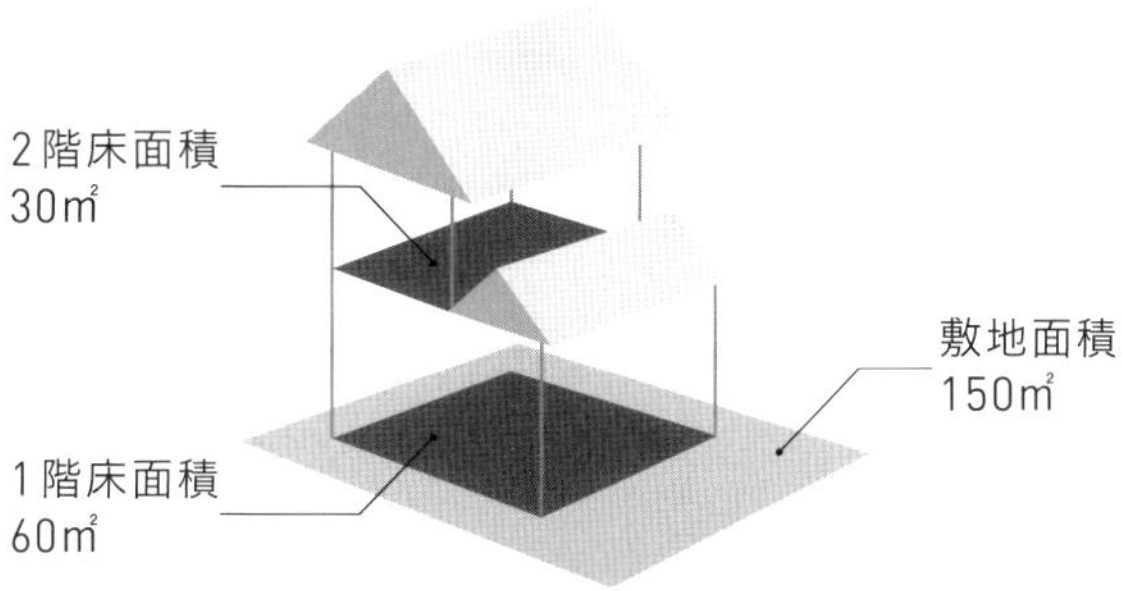

$$容積率(\%) = \frac{延べ床面積}{敷地面積} \times 100$$

$$60\% = \frac{(60㎡ + 30㎡)}{150㎡} \times 100$$

一方、容積率とは、「敷地面積に対する建物の延べ床面積の割合」のことです（【図2-2】参照）。

延べ床面積とは、建物のすべての階の床面積の合計のこと。たとえば150平方メートルの敷地で1階の床面積が60平方メートル、2階が30平方メートルなら、延べ床面積は90平方メートルです。

その場合、容積率の計算式は次のとおりです。

90（平方メートル、延べ床面積）÷150（平方メートル、敷地面積）×100（%）
=60%（容積率）

敷地が狭いので、なるべく高い建物にしたいと思っても、用途地域ごとの容積率を超える高さの建物を建てることはできません。

用途地域ごとの容積率は次のとおりです。

〈容積率50～200％〉（※）
第一種低層住居専用地域
第二種低層住居専用地域
田園住居地域
（※）自治体ごとの都市計画によって異なる（以下同）

〈容積率100～400％〉
工業地域
工業専用地域

〈容積率100～500％〉
第一種中高層住居専用地域
第二種中高層住居専用地域
第一種住居地域
第二種住居地域
準住居地域

近隣商業地域
準工業地域

〈容積率200〜1300%〉

商業地域

用途の幅広さで考えると、「準工業地域」がお勧め

不動産投資においては、なるべく多くの選択肢（オプション）を持っておくことが、リスクヘッジのための重要なポイントだといえます。

たとえば、長年アパートを経営していると、後から周りに新しいアパート・マンションが建ち、競争が激しくなって、収益がどんどん下がってしまうことがあります。一般に投資やビジネスは先発優位といわれますが、経年とともに建物が老朽化してしまう賃貸アパート・マンション投資の場合、むしろ後発のほうが有利である点は否めません。

そんなときは、競争にさらされにくい福祉施設や工場・倉庫に建て替えることで、収益力をよみがえらせるという打開策が考えられます。

［図2-3］用途地域別建築可能表

	アパート	マンション	オフィスビル	工場・倉庫	オーダー建物※
第一種低層住居専用地域	○				○
第二種低層住居専用地域	○				○
第一種中高層住居専用地域	○			○	○
第二種中高層住居専用地域	○			○	○
第一種住居地域	○			○	○
第二種住居地域	○			○	○
準住居地域	○			○	○
田園住居地域	○			○	○
近隣商業地域（容積率200%未満）	○			○	○
近隣商業地域（容積率200%以上）		○	○		○
商業地域（容積率200%未満）	○			○	○
商業地域（容積率200%以上）		○	○		○
準工業地域	○	○	○	○	○
工業地域				○	○
工業専用地域				○	○

※オーダー建物とは、福祉施設やコンビニエンスストアなどテナントの仕様に合わせて建築する建物をいう

ところが、用途地域によっては、そうした方針転換ができない場合もあります。

そう考えると、制約の多い用途地域に土地を持っていらっしゃる方は、なるべく制約の少ない用途地域の土地に買い替えるのが賢明だといえるかもしれません。

前ページの【図２‐３】は、それぞれの用途地域で建築可能な建物を示したものです。

これを見ると、13の用途地域のなかで、最も用途の幅が広いのは「準工業地域」であることがわかります。

準工業地域は「主として環境の悪化をもたらすおそれのない工業の利便を増進するため定める地域」と定義されているものの、住宅や学校、病院なども建てられますし、老人ホームや倉庫についても問題ありません。

危険性や環境悪化の恐れのある工場など、ごくわずかな例外を除けば、どんな建物でも建てることができるのです。

テナントの立場からいえば、ほぼどんなビジネスでも行えるということになるので、最も入居付けがしやすく、安定収益を得やすい地域であるといえるでしょう。

筆者は、どんな用途にも使える準工業地域に、幅広いビジネスに利用できる〝魔法の箱〟である工場・倉庫を建てるのが、最も理想的な組み合わせではないかと考えています。

用途地域の制約を受けない「オーダー建物」とは

先ほどの【図2-3】を見ると、ひとつだけ、すべての用途地域で建築可能な物件があるのがわかると思います。いわゆる「オーダー建物」です。

オーダー建物とは、福祉施設やコンビニエンスストアなど、特定のテナントの仕様に合わせて建築する建物のことです。建て替え前や、更地の状態でテナントを募り、賃貸借契約が決まってから、そのテナントの要望に合わせて建物を造ります。

オーダー建物のメリットは、用途地域の制約を受けにくいことに加え、入居するテナント以外の用途には適さない建物を造るので、建築費や、契約満了後の解体費用を安上がりに済ませることが可能となる点です。

テナントの仕様に合わせる代わりに、建設協力金を受け取れば建築費用を抑えられますし、万一、テナントが契約途中で退去する場合に備えて保証金を預かっておけば、解体費用も確保できます。

「制限の多い用途地域なので困っているけれど、土地の買い替えはしたくない」と言う方や、「なるべくコストを抑えて建て替えをしたい」と言う方であれば、オーダー建物を検討されるのもいいかもしれません。

売却時の不動産価格はひとつではない

以上見てきたように、不動産投資は、立地や用途地域によって大きな制約を受けることがあります。

空室リスクをなるべく抑え、安定的な賃料収入を確保したいと考えるのなら、それに適した用途を選ぶことが大切ですが、持っている土地が用途に適さないのであれば、買い替えも視野に入れたほうがいいかもしれません。

その際、心に留めておいてほしいのは、決して「業者の言いなりになってはいけない」ということです。

たとえば、倉庫付きの土地をお持ちの方が「まとめて売り払いたい」と相談されると、たいていの不動産業者は「古い倉庫は解体して、更地にして売りましょう」と提案してきます。

どんなに安いとはいっても、倉庫を取り壊すには解体費用がかかります。余分な費用のかからない更地にしたほうが、買い主が見つかりやすいからです。

けれども、倉庫の使い道やメリットを知っている買い主なら、「そのまま使いたい」と思うかもしれません。そういう買い主を業者が見つけてくれれば、売り主は余分な解体費用を負担することなく、不動産を売却できるわけです。

仮に更地で1億円の土地だとしても、解体費用が2000万円かかれば、売り主の手元に残るのは8000万円です。倉庫付きのまま売却すれば、1億円がまるごと手に入るのですから、その差は決して小さくありません。

そもそも、アパート・マンションしか取り扱ったことのない業者は、「古い倉庫なんて使い物にならない」という先入観を持っているので、ごく当たり前に「取り壊しましょう」と提案してくるのだと思います。

アパート・マンション以外にも、いろいろな用途を提案できる業者であれば、売り主に無駄な費用をかけさせることなく、利益を最大化してくれるわけです。

右の例についてさらにいうと、同じ土地でも、賃貸アパート・マンション用として取得するか、倉庫用として取得するかによって、価格が大きく変わってくることがわかると思います。

アパート・マンション用として更地にする場合、実質的な価格は8000万円となりますが、倉庫を付けたままなら1億円で売却できるわけです。

ここで理解していただきたいのは、土地の値段はひとつではなく、必ず「2つ以上ある」ということです。

同じ土地でも、用途や利用法によって値段が異なってくるだけでなく、取り扱う不動産業者によっても変わります。

なるべく安く買って、高く売るためには、できる限り多くの不動産業者から提案や見積もりを取って、慎重に比較検討することが大切なのです。

もちろん、賃貸アパート・マンション投資も、条件がそろえば有効な選択肢ではありますが、不動産投資にはそれ以外にもさまざまな方法があって、用途によっては土地をより有利に売買できるということは、ぜひ理解しておいてください。

第3章

工場・倉庫投資では柔軟性に富んだ空間づくりがカギ

「空間に万能性を持たせること」が最も重要

ここまで、老朽化したアパートの建て替えや、「生産緑地」の活用を検討されている方などに、アパート・マンション以外の投資用不動産を含む、さまざまな〝選択肢〟を紹介してきました。

そのなかでも、建築コストが安く、駅から離れていても入居が確保しやすい工場・倉庫は、最も魅力的な選択肢のひとつであるということが、おわかりいただけたのではないかと思います。

そこで、この章では、工場・倉庫を建てることを前提に、どのような建物や立地にすれば、より確実な入居付けが見込め、安定的な賃料収入が得られるようになるのかを考えてみることにしましょう。

第1章でも紹介したように、工場・倉庫用の建物は、そのままの用途だけでなく、店舗やレストラン、遊戯施設など、非常に多彩な用途に使える〝魔法の箱〟です。

何にでも使えるということは、より幅広い種類のテナントを誘致することができるということです。その分、入居付けは容易になりますし、テナントが出ていってしまっても、次のテナントがすぐに見つかることが多いので、長期間空きが出てしまう心配はさほどありません。

ただし、そうしたメリットを享受するためには、どんなテナントにも受け入れられやすい、シンプルな建物にすることが不可欠です。

たとえば、内部に柱の多い建物は、間仕切りがしやすいので、個室中心のレストランなど特定のテナントには向いていますが、フロア全体に製造設備をレイアウトしたい工場や、大きな貨物を大量に置きたい倉庫には不向きです。

あらゆるテナントに受け入れられるようにするには、建物の内部に余分な柱がない、がらんどうの建物にするのが望ましいわけです。

内部に柱のない建物に、後から間仕切りを取り付けることは可能ですが、構造の一部となってしまっている柱を後からなくすことはできません。

内装や間仕切りなどについては、テナントが自分たちで工事を行うので、いかようにでも使えるように空間に万能性を持たせることが重要なのです。

つまり、空間活用を妨げる内部の柱などは一切なく、まっさらで、がらんどうの大きな〝箱〟を建てるのが、ベストの選択だといえるでしょう。

構造については、RC造よりも鉄骨造が望ましいと思います。

RC造の場合、壁も構造の一部になってしまうので、入り口や窓など、開口部の位置や大きさが固定されてしまいますが、鉄骨造なら、建物を支えるのは鉄骨の柱や梁だけなので、開口部を自由に変更できます。

窓を大きくしたいと思ったら、壁として貼っているサイディングボードを大きく切り抜くだけで、望みどおりの大きさにできますし、消防法の適用範囲内で窓を小さくしたり、なくしたりすることも可能です。

また、大きな荷物を出し入れする倉庫業の場合、「なるべく入り口を広くしたい」というリクエストを受けることもありますが、鉄骨造の倉庫なら、入り口のシャッターの大きさを2メートル×2メートルから、4メートル×4メートルに付け替えるといった工事も簡単です。

もちろん、これらの工事は原則的にテナントが自ら行うので、余分な工事費用が増えることはありません。

もしも、「オーナーに負担してほしい」という要望を受けた場合は、その代わりなるべく長期賃貸借契約を結んでもらうなど、有利な交換条件での契約を交わせるチャンスだといえます。

工場・倉庫用として賃貸する建物には、余分な装飾や設備も不要です。

外壁も、飾り気のないサイディングボードなどで構いません。外観にこだわる店舗や飲食業のテナントは、後から自分でリフォームをするでしょうし、工場・倉庫として使うのであれば、そのままでもまったく問題ないでしょう。サイディングボードの壁は非常に安上がりなので、建築費用をかなり抑えることができます。

もし、断熱性や耐火性を高め、テナントにより受け入れられやすい建物にするのであれば、費用は少々高めですが、ＡＬＣ（軽量気泡コンクリート）パネルなどを外壁に使用する方法もあります。

設備についても、基本的には何も取り付けなくて構いません。

テナント付けをしやすくするため、あらかじめエアコンを取り付けておくオーナーの方もいらっしゃいますが、業種によって求められるエアコンの大きさや性能は異なるので、せっかく取り付けたものがテナントに取り替えられて、無駄になってしまうこともあります。オーナー負担で取り付けるにしても、賃貸借契約が決まってから、テナントの要望を聞いたうえで取り付けたほうが、無駄がありません。

オーナー負担で取り付けるのであれば、その代わりに長期賃貸借契約を結んでもらうなど、有利な交換条件を盛り込んでおきたいものです。

また、オーナーが取り付けた設備については、テナントとリース契約を交わして貸すという方法もあります。

リース契約であれば、テナントは費用を全額経費で落とせるので、税務面での大きなメリットになります。このように、テナントにとってもメリットになることをいろいろ提供すると、より長く入居し続けてもらえるはずです。

工場・倉庫投資に限らず、不動産投資においては、貸主と借主の双方にとってメリットとなることを〝ギブ・アンド・テーク〟で享受し合うことが、成功の秘訣です。

前面道路の広さや道路付けのよさも重要

第1章でも説明したように、工場・倉庫は、駅から離れた立地でも十分な賃貸需要が見込めるのが大きなメリットのひとつです。

ただし、工場・倉庫は貨物を頻繁に出し入れする場合が多いので、トラックなどの自動車が出入りしやすい道路に面していると、より魅力的な物件となります。店舗やレストランなどをテナントとして入れる場合も、商品や食材の搬入がしやすくなるので、道路条件のよい立地のほうが好まれるでしょう。

自動車の出し入れのしやすさを考えれば、前面道路（敷地に接する道路）はなるべく広いほうがベターなのはいうまでもありません。最低でも幅6メートル以上の道路に面している立地が望ましいといえます。

出入りできる道路の数も、多ければ多いほどいいでしょう。

とくに、建物の前と後ろのそれぞれに道路があり、しかも2つの道路に高低差があるような土地であれば、【図3-1】のように〝1階〟が2つになることから、倉庫として使う場合は、より多くの荷物が置けるようになります。

ただし、どんなに道路の広さや接道条件に恵まれていても、住宅地の場合には、自動車の通行に何らかの制限が課されることがあります。

とくに、近隣に学校があって、通学路として利用されているエリアでは、朝、夕の通学時間になると自動車が出入りできなくなることもあります。

また、商店街のなかには、夕方の買い物時間などに大型車両の通行が禁止されているところもあります。

このように、交通制限のあるエリアでは自動車が使いづらいので、頻繁に自動車を利用

［図3-1］ **高低差のある道路に面している倉庫は使い勝手が良い**

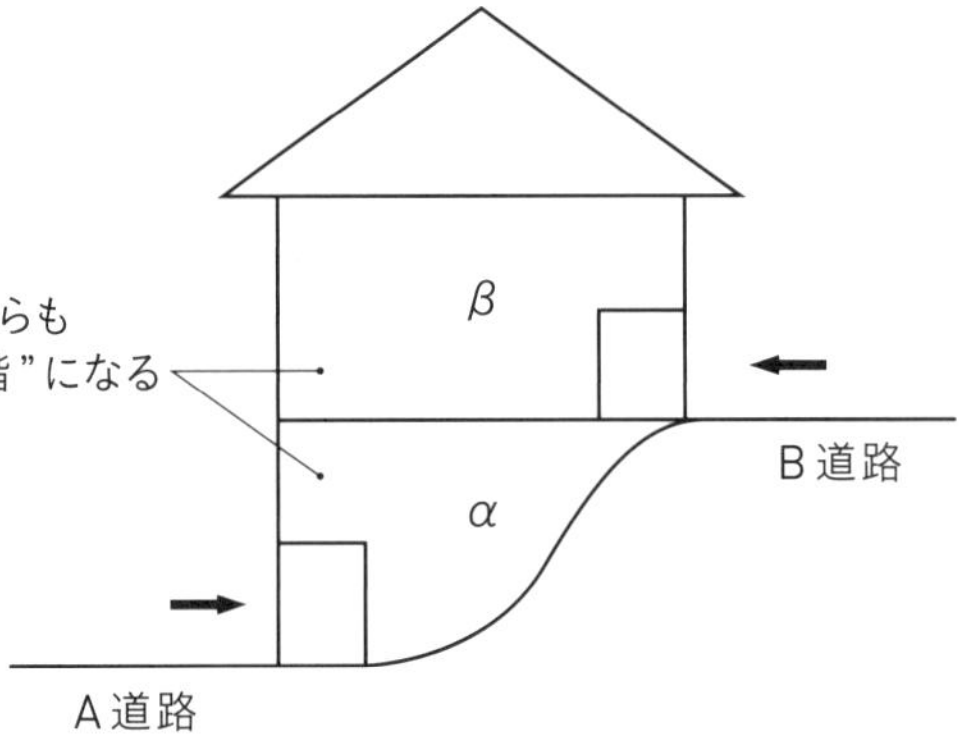

A道路とB道路に高低差がある場合、
どちらからも荷物を出し入れできるので、
倉庫用フロアが2倍になる

する業態からは敬遠されるかもしれません。

あなたのお持ちの土地がそうしたエリア内にあるのであれば、別の土地への買い替えも検討されてみてはどうでしょうか。

駐車場の面積は広いほどよい

自動車を利用する業態をテナントとして誘致するのであれば、なるべく広い駐車スペースを確保することも大切です。

どんなに建ぺい率が高くても、敷地いっぱいに建物を建ててしまうと、自動車を止める場所がなくなり、荷物の積み降ろしができなくなってしまいます。

そうした工場・倉庫は、どんなに建物が広くても、使い勝手が悪いので敬遠されてしまいます。業種によって求められる駐車スペースは異なりますが、最低でも敷地全体の4割程度は確保したいものです。

たとえば、準工業地域の場合、建ぺい率は50〜80%なので、最も建ぺい率の高い地域では駐車スペースを敷地面積の2割程度に抑えることができますが、筆者がこれまで扱った物件を見ると、駐車スペースが4割を下回っているものは入居率が大きく下がる傾向があります。建ぺい率の高さにかかわらず、4割以上は駐車スペースとすることが理想であるといえます。

しかし、オーナーの方のなかには、駐車場の広さの重要性について意外と無頓着な方が多いようです。

建物の面積が増えれば、より多くの賃料を得ることができるので、建ぺい率や容積率めいっぱいに建物を建てようとするのです。

たしかに、工場・倉庫など事業用不動産の賃料は「床面積×坪単価」の計算式で求められるので、床面積が広くなれば、それだけ高い賃料を得ることができます。

とはいえ、どんなに高い賃料が見込める物件でも、テナントが付かなければ何の意味もありません。

あまり欲張らず、テナント付けのしやすさも考えながら建物の大きさを決めましょう。

なお、店舗やレストランとして賃貸する場合には、テナントの客が駐車できるスペースを確保する必要があります。

敷地に十分なスペースがない場合は、テナントの負担で周辺の月極《つきぎめ》駐車場を借りてもらうという方法もありますが、賃貸借契約後に建物を建てるのであれば、2階建てにして、

1階を駐車スペース、2階を店舗にするという解決策もあります。

ただし、特殊な建物にすると用途が限定され、次のテナントを付けにくくなってしまうので、「オーダー建物」（第2章参照）としての賃貸借契約を結ぶことが大切です。

建物は3階建てよりも、2階建てがお勧め

駐車スペースを確保するため、敷地いっぱいに建物を建てるのは望ましくないとなると、2階、3階……と、建物を上に伸ばすことを考える方もいらっしゃいます。

工場・倉庫の立地に適している準工業地域は、容積率が100〜500％なので、エリアによっては3階建て以上の建物を建てることも可能です。

階数を増やせば増やすほど、「床面積×坪単価」が大きくなるので、より高い賃料を得ることができます。

ただしそれも、「ちゃんとテナントが付けば」の話です。

じつは、3階建て以上の建物は、工場・倉庫用としてはあまり人気がなく、2階建て以下のほうがテナントに好まれやすいのです。

3階建て以上の工場・倉庫は、階段の上り下りに時間を取られ、作業効率が低下するため、どうしても敬遠されやすくなります。

「事務所として使うから3階があっても構わない」と言うテナントもまれにはいますが、3階建て以上の建物を建てると、通常は入居率が著しく下がってしまうものです。

逆に、最も理想的なのは2階建てです。

2階建ての工場・倉庫であれば、1階は作業用や倉庫用のフロア、2階は事務所用のフロアと使い分けるのが一般的です。

2階建てなら、1階に事務所を置く平屋よりも作業用や倉庫用フロアを広く取ることができるので、スペースを効率よく使いたいテナントにとって好都合ですし、オーナーにとっては、平屋の2倍前後の賃料収入を得られるというメリットがあります。

すでに平屋や3階建ての工場・倉庫を持っている場合でも、解体して2階建ての工場・倉庫に建て替えたほうが、収益力が上がる可能性があります。

これから建てる方や、既存の工場・倉庫を土地ごと買いたいと考えている方も、2階建ての建物を選ばれたほうがいいでしょう。

天井をなるべく高くしたほうが用途は広がる

工場・倉庫用の建物は、天井が高ければ高いほど使い勝手がよくなり、その結果、幅広い業種のテナントを迎え入れやすくなります。

工場の場合、作る製品によっては非常に大掛かりな製造装置を設置するので、広さと同時に、ある程度の高さがないと収まりません。

倉庫の場合も、狭いスペースでも効率よく、なるべく多くの荷物を収めるため、上に積み上げられる天井の高い建物が好まれやすい傾向があります。

2階建ての場合、作業用や倉庫用のフロアとなる1階は4・5〜5メートルぐらいの高さがあれば、おおむねどのような用途にも利用できるようになるはずです。

事務所用のフロアとして使われる2階は、1階ほどの高さは必要ありませんが、それでも3・5メートル前後は確保したいところです。

合わせて6・5〜7メートルといったところが、2階建て工場・倉庫の理想的な高さといえるでしょう（【図3-2】参照）。

［図3-2］ **工場・倉庫の望ましい天井の高さ**

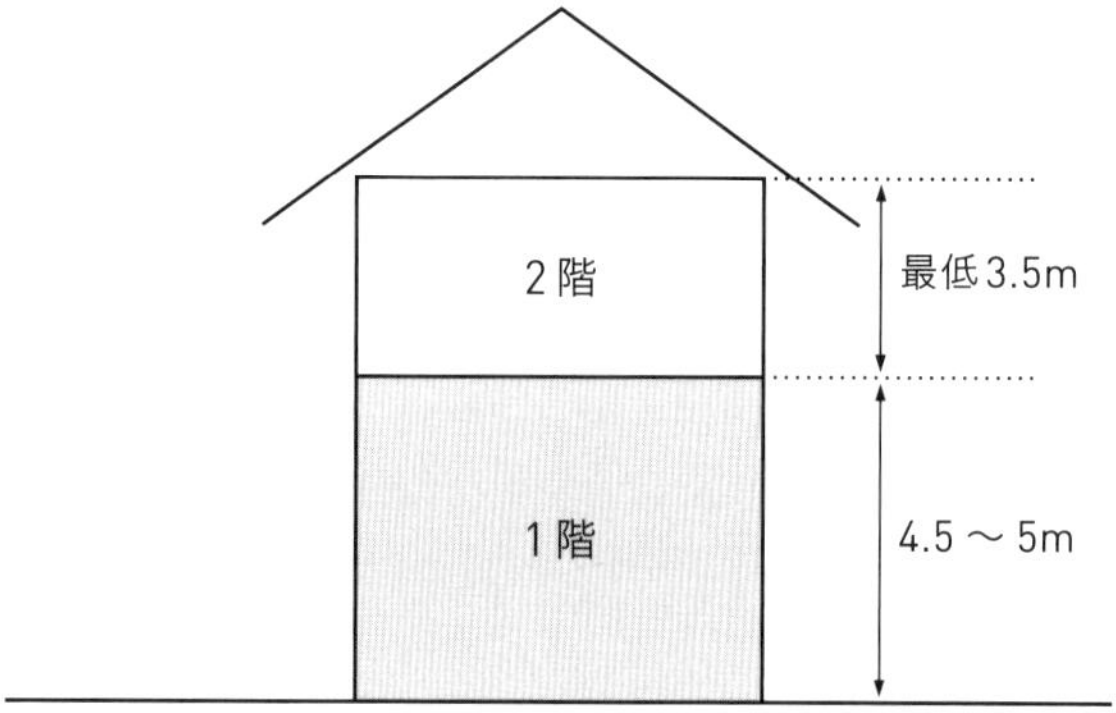

合わせて6.5 ～ 7mが
理想的な高さ

もちろん、テナントによっては、天井にそれほどの高さを求めないケースもあります。たとえば、スーパーやホームセンター、ディスカウントストアなどの大型店舗は、ボリューム陳列（単品大量陳列）をするために、なるべく広いスペースを求めますが、買い物客の手が届く棚の高さには限度があるので、4メートル以上もの天井は必要ありません。なかには、「冷暖房費を節約したいので、もっと天井を低くしてほしい」と言うテナントもいるはずです。

そんな場合は、あらかじめ天井の高い建物を造っておき、後からテナントの要望する高さのところに化粧石こうボードを貼って、天井を下げるという方法もあります（【図3-3】参照）。

「大は小を兼ねる」といわれるように、高い天井は、いかようにでも低くすることができます。テナントが入れ替わり、高い天井が求められたときには、化粧石こうボードを剝がせばいいのです。

天井の低い建物よりも、高い建物のほうが、建築コストが高いことはいうまでもありません。しかし、入居付けをしやすくするためには妥協できないポイントですし、後になってから高さを変えたり、建て替えたりするほうが、コストは割高となります。

［図3-3］ **天井の高さを下げる方法**

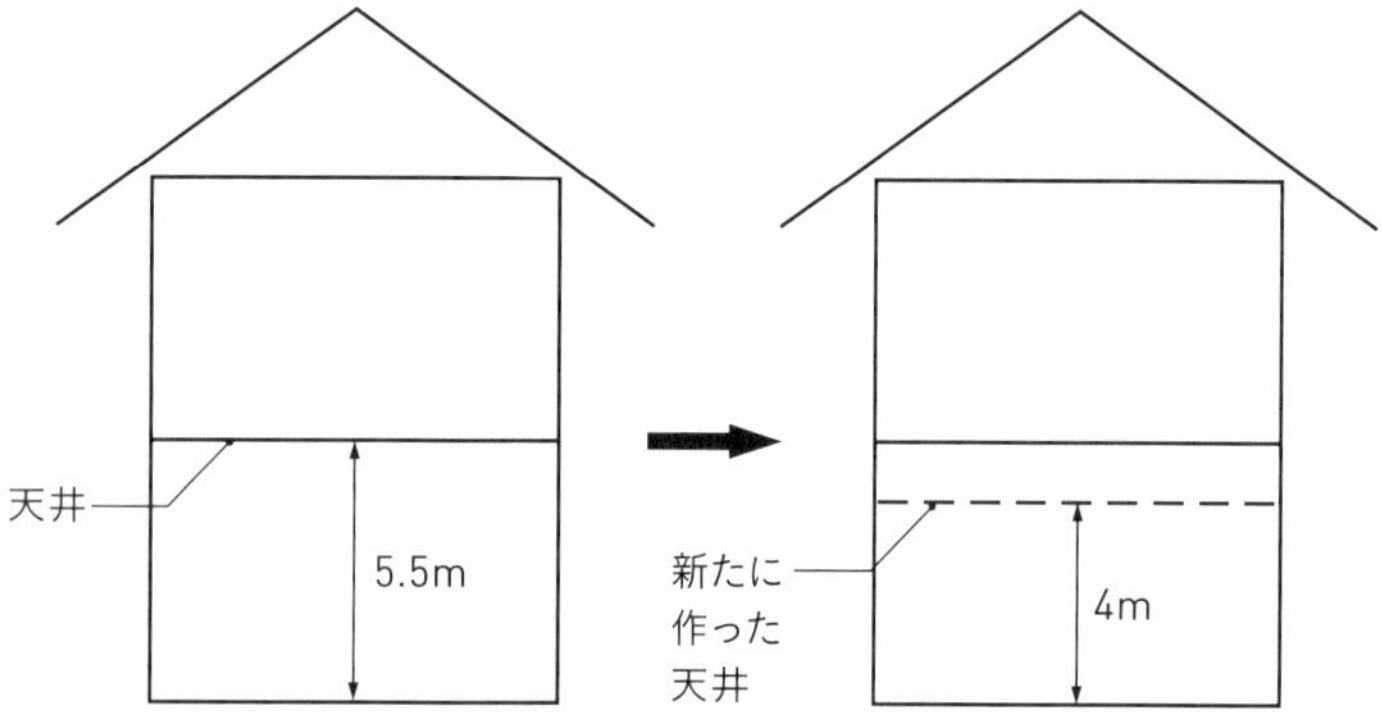

元からある天井の下に新たに天井を作ることで
天井の高さを低くできる

最初の段階でコストを惜しむのではなく、先を見据えて、なるべく天井の高い建物を建ててはいかがでしょうか。

クルマ1台分ほどの狭い床面積でもニーズはある

工場・倉庫用の建物というと、とにかく大きくて、内部が広々とした建物をイメージされる方が多いのではないかと思います。

筆者がこれまで取り扱った物件の中で最も大きいのは、5000坪ほどの大型倉庫ですが、一方で、クルマ1台がやっと駐車できるほどの狭い土地に、工場・倉庫仕様の小さな建物を建てたこともあります。

「そんな小さな建物でもテナントのニーズはあるのか」と驚かれるかもしれませんが、この建物は現在、コインランドリーの店舗として使用されています。

繰り返し説明してきたように、工場・倉庫用の建物は、店舗やレストラン、遊戯施設など、さまざまな用途に使えます。しかも、用途によって必要とされる建物の広さは異なるので、どんなに狭い土地でも、テナントを確保することは可能です。

「うちが持っている土地は狭すぎるので、工場・倉庫には使えない」などとあきらめずに、ぜひ相談してみてください。

ちなみに、クルマ1台が駐車できる程度の狭い土地なら、土地と建物を合わせても2000万～3000万円程度で取得できた例もあります。

既存の工場・倉庫を購入するなら、ボロボロでもよい

工場・倉庫は、あくまで内部の「空間」を利用するための建物です。

アパート・マンションのように、外観が入居付けに大きく影響することはありませんし、むしろ「外観に余分なお金を使うよりも、その分、賃料を安くしてほしい」というニーズが強いものです。

ですから、既存の工場・倉庫を土地付きで購入するのであれば、なるべくボロボロの物件を選ぶことをお勧めします。

ボロボロの物件のメリットは、何といっても「安い」ことです。

工場・倉庫用の物件は、築15年もたてば上物（建物）の価値がほぼゼロになり、土地値《とちね》（土地のみの価格）で取得できます。そのような工場・倉庫は市場にごろごろ転がっているので、値ごろな物件を探すのにも、それほどの苦労はありません。

これに対し、アパート・マンション投資では、どんなに建物が老朽化しても、土地値で土地と建物の両方が買えてしまうというケースは滅多《めった》にありません。

なぜなら、賃貸アパート・マンションの建物の価格は、築年数だけでなく、「どれだけ稼げるか」という収益力によって評価されるからです。どんなにボロボロのアパート・マンションでも、入居者が確保できていて、賃貸収入がある限り、価格がゼロになることはありません。

ボロボロの工場・倉庫のように、しっかりとしたニーズがあって、しかも建物がタダ同然で入手できるというのは、非常にありがたいことなのです。

周辺環境に適応しやすいテナントを募集する

第2章でも説明したように、工場・倉庫が建てられる用途地域は限られています。

第一種低層住居専用地域、第二種低層住居専用地域など、住宅のため（または主に住宅のため）の用途地域には建てることができません。住宅系用途地域の中で倉庫の建設が認められているのは、唯一、準住居地域のみです。

一方、店舗や飲食業などの建物が認められている商業系用途地域（近隣商業地域、商業地域）なら、工場・倉庫の建築も可能です。

これらの用途地域に土地を持っていらっしゃる方なら、商業ビルの代わりに、工場・倉庫用の建物を建てるという選択肢も考えられるでしょう。

ただし、商業系用途地域には住宅も建築できるので、近隣に住宅がある場合は、その生活に配慮してテナントを募集する必要があります。


たとえば、自動車の整備工場や印刷・製本工場などのように、操業中に騒々しく機械音が鳴り響くような業種をテナントにすると、近隣住民からクレームを受ける可能性が高く、最悪の場合には裁判に訴えられる危険性もあります。

万が一、訴訟となった場合、住民側が勝訴すれば、訴えられたテナントは工場の操業を停止せざるを得なくなるかもしれません。こうした工場と近隣住民とのトラブルをめぐる裁判では、裁判所が工場の権利よりも、住民の生活権を重視する傾向があるからです。

しかも、先に工場があった場所の隣に、後からマンションができたような場合でも、工場側が負けるケースもあるようです。

こうしたリスクを考えると、住宅に近接した土地に工場・倉庫を建築する場合は、近隣住民に迷惑をかけないようなテナントを募集するのが望ましいでしょう。

同じことは、工業系用途地域（準工業地域、工業地域など）に工場・倉庫を建てる場合についてもいえます。

住宅の建築が認められていない工業専用地域は問題ありませんが、住宅も建てられる準工業地域、工業地域については、近隣住民の生活に十分配慮する必要があります。

工場・倉庫用の建物は、店舗や飲食業などさまざまな用途に使えるので、近くに住宅街がある場合は、なるべく迷惑のかからないテナントを選ぶのが無難です。

24時間稼働は大きな売りになる

テクノロジーの進化による製造プロセスの自動化や無人化とともに、最近では24時間、休むことなく稼働し続ける工場が増えています。

また、道路は日中よりも深夜から早朝にかけてのほうが空いているので、「混雑しないうちに荷物を運びたい」ということから、夜中に荷物の出し入れ作業を行う倉庫も少なくありません。

こうしたニーズに対応するためには、24時間稼働可能な物件を提供するのが望ましいといえます。「24時間いつでも使える」ということは、物件の大きなセールスポイントとなり、テナントを募集しやすくなるはずです。

しかし、近隣に住宅街があると、自動車の出入りによる夜間の騒音や振動はトラブルの原因となりやすいものです。

あなたの持っていらっしゃる土地が住宅街の近くにある場合は、周りに住宅のない土地に買い替えて、24時間使えることをアピールする方法もあるでしょう。

また、これから土地や建物を購入される方は、近隣に住宅がないかどうかをしっかりチェックしましょう。

第4章

頼れる不動産業者を選び テナント募集を 有利に進める

不動産業者1社にすべてを任せるのが正しい選択か

第3章では、工場・倉庫投資を成功させやすい建物や立地について見てきました。

ひと口に工場・倉庫といっても、前面道路が広く、2階建てで、天井が高いなど、テナントを付けやすい建物や立地には、いろいろな条件があることがおわかりいただけたのではないかと思います。

また、たとえ工業系用途地域であっても、近隣に住宅などがある場合は募集できるテナントが限られてしまうということも、理解していただけたのではないでしょうか。

そうした立地の場合、騒音や振動を出す工場・倉庫よりも、店舗やレストランなどのテナントに貸したほうが、周辺住民からのクレームを受けにくいといえます。

けれども、不動産会社の中には、工場・倉庫のテナント募集は得意だけれど、小売業・飲食業への営業はあまり得意ではないとか、そもそもアパート・マンション以外の物件は仲介したことがないという業者もいます。

かといって、オーナー自身でテナントを探そうとするのは、かなり無理な話です。

個人で動いても、声をかけられる相手はどうしても限られてしまいますし、そのなかから、立地にかなった業種のテナントを見つけ出すのは容易ではありません。やはり、プロの不動産業者に任せるのが無難だといえます。

では、工場・倉庫投資を成功させるためには、どのような不動産業者を選んだらいいのでしょうか。

工場・倉庫に限らず、不動産投資においては、①物件を取得する、②テナントを募集する、③テナントや建物を管理する、という3つのプロセスがあります。

3つすべてを不動産業者1社に任せるという選択もありますが、それぞれの業者には得意、不得意があるので、物件探しはA社、テナント募集はB社、管理はC社といったように、得意分野ごとに業者を使い分けるのも賢い方法です。

もちろん、ひとつの業者にすべてを任せられれば、窓口を一本化できるので、オーナーにとって、これほどラクなことはありません。

けれども、その業者にサービスごとの得意、不得意があった場合、「物件は見つかったけれど、テナントが決まらない」とか、「周辺住民から騒音のクレームが出ているのに、テナントにちゃんと話をしてくれない」といった悩みを抱えてしまう恐れもあります。

また、「すべてを任せられる」サービスを提供している不動産業者のなかには、利便性の対価として、他社よりも高めの手数料を設定している業者もあるようです。

不動産投資では、物件の取得価格だけでなく、取得後にかかる費用をいかに抑えるかが、収益力を高めるための重要なポイントです。余分な手数料負担が増えると、その分、手元に残るキャッシュも減ってしまいます。

少しでも多くの利益を残したいのなら、多少面倒でも、①物件取得、②テナント募集、③管理の3つは別々の業者に任せてみてはどうでしょうか。

それぞれのサービスについて高い専門性を持つ業者なら、①仲介を担当するA社は「できるだけ安くていい物件」を探し、②テナント募集を担当するB社は「その物件にかなったテナント候補」を見つけ、③管理を担当するC社は「トラブルが発生した際に、テナントとしっかり交渉する」という役割をしっかりと発揮してくれるはずです。

以下、3つの役割ごとに、不動産業者の選び方を考えてみましょう。

【不動産業者選びのポイント① 物件取得】

いい物件を、適正な価格で仲介してくれるかどうか

不動産投資で何よりも大切なのは、入居付けがしやすく、賃料が下がりにくい優良物件を、できるだけ安く取得することです。

たとえ、同じ地域にある、同じような一棟もの中古マンションでも、ひとつは2億円、もうひとつは2億4000万円といったように、取得価格に2割の開きがあれば、表面利回りは著しく下がってしまいます。

投資用不動産の表面利回りは、「年間家賃収入÷物件取得価格×100」で計算します。先の物件の年間家賃収入がどちらも800万円だとすると、2億円の物件の表面利回りは4%ですが、2億4000万円の物件は3・3%と低くなってしまうのです。

表面利回りが4%を切ると、諸経費や税金、借り入れによって物件を取得した場合はローン返済額などを差し引くと、月々の収支がマイナスとなってしまうリスクが高まります。「たかが2割」と軽く考える方もいらっしゃるかもしれませんが、その2割が「稼げる」か「赤字を重ね続ける」かの大きな分かれ道になることもあるわけです。

工場・倉庫の場合、老朽化した物件であれば建物の価値はほとんどありませんし、駅から離れた場所なら土地の値段も格安なので、アパート・マンションほど高額ではありませんが、それでも、なるべく安い物件を取得するのに越したことはありません。

安い物件を取得するためには、できるだけ多くの不動産業者に当たって、数多くの物件を紹介してもらうことが大切です。

ひとつの不動産業者だけに頼ると、紹介される物件の数はどうしても限られてしまいますし、その業者の〝言い値〟によって、高く買わされてしまう恐れもあります。

複数の業者に当たれば、選べる物件の数が増えるだけでなく、それぞれの業者が提示する価格を見比べることによって、「どの業者が適正な価格を出してくれるのか」ということが見えてきます。

同じような立地、同じような建物の物件でも、業者によっては提示価格が大きく異なることがわかってくるでしょう。もちろん、同じような物件なら、より安い価格で取得したほうが有利であることは言うまでもありません。

複数の不動産業者に当たることは、有利な物件の情報をなるべく多く集めるだけでなく、「適正な価格」を提示してくれる真面目な業者を探すためにも大切なのです。

ちなみに、取得したい物件の適正価格を知るためには、不動産業者から提示される価格を見るだけでなく、あなた自身で周辺の相場を調べられることをお勧めします。

いまは、投資用不動産の物件情報などもインターネットで簡単に収集できますので、自分が買いたいと思っている物件の周辺では、同じような物件がいくらで取引されているのかということも比較的簡単に把握できます。

不動産業者が提示する価格が、ご自身で調べられた相場よりも安ければしめたものですし、逆に、極端に高い価格を提示された場合は、信頼できる業者なのかどうかを疑ったほうがいいかもしれません。

また、適正な価格を「自分自身で決める」という方法もあります。

取得後に確保したい家賃収入や利回りから逆算して、「これぐらいの物件を買いたい」という希望価格を不動産業者に逆提示するのです。

たとえば、年間の家賃収入を500万円、表面利回り8％は確保したいという希望であれば、適正価格は6250万円となります。

計算方法は、次のようにいたって簡単です。

500万円（年間家賃収入）÷8％（表面利回り）＝6250万円（取得価格）

なるべく安く買ってリスクを抑えたいと思われるのなら、適正価格をそのまま不動産業者に提示するのではなく、6000万円、5800万円……と、さらに値切ってみてはどうでしょう。あまり相場からかけ離れすぎると、紹介される物件の数は減ってしまいますが、安く買えれば買えるほど取得後の収益力は大きくなり、赤字のリスクも減るのですから、あまり妥協はされないほうがいいと思います。

取り扱っている物件はどのような媒介契約に基づいているか

工場・倉庫に限った話ではありませんが、物件の仲介を依頼する不動産業者を選ぶ際には、「どれだけ豊富な物件を紹介できるか」という点にも注目したいところです。

先ほども述べたように、不動産業者には、それぞれが得意とする分野があり、アパート・マンションの物件情報は充実しているけれど、工場・倉庫については、あまり情報を持っていないケースが珍しくありません。

最近、少しずつニーズが高まっていることから、「工場・倉庫も仲介します」という看板を掲げる不動産業者は増えていますが、仲介できる物件は、せいぜい数件から数十件というところが少なくないようです。

ちなみに当社は、現在管理を委託されている工場・倉庫物件が約６００件あり、その多くは当社が売買を仲介したものです。工場・倉庫物件をこれほど扱っている不動産業者は、国内でもおそらく当社だけだと思います。

また、物件の仲介から、テナントの募集、管理までのすべてを請け負える不動産業者も、筆者の知る限り、当社以外にはありません。

物件探しにおいては、なるべく多くの情報を集め、数ある選択肢のなかから、より有利な物件を絞り込むことが大切なのは言うまでもありません。

紹介できる物件の数や、過去に仲介してきた実績がどれだけ豊富であるかを知ることは、工場・倉庫のように専門性の高い不動産を扱う業者を選ぶうえでは、なおさら重要だといえるでしょう。

物件の仲介を依頼する業者を選ぶ際には、もうひとつチェックしておきたい重要なポイントがあります。取り扱っている物件が、どのような媒介契約に基づいているのかという点です。

なぜなら、媒介契約の種類によって、不動産オーナーの不動産会社に対する信頼の高さを評価することができるからです。

不動産業者が物件の売買や賃貸借を仲介する場合には、宅地建物取引業法に基づいて、オーナーとの間で媒介契約を結ぶことが義務付けられています。

媒介契約には、次ページの3つの種類があります（【図4-1】参照）。

[図4-1] 媒介契約の種類

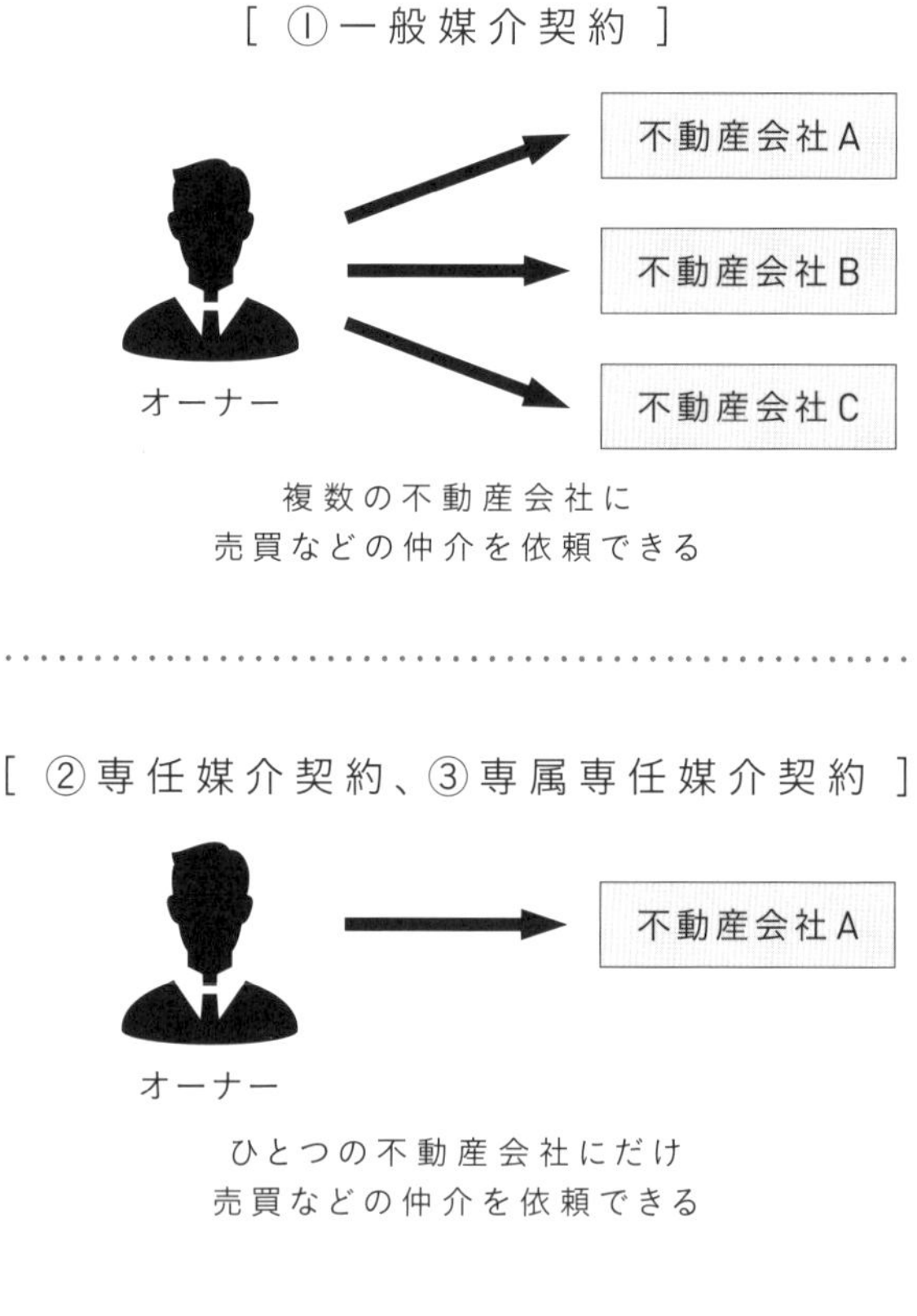
[①一般媒介契約]
不動産会社A
不動産会社B
不動産会社C
オーナー
複数の不動産会社に
売買などの仲介を依頼できる
[②専任媒介契約、③専属専任媒介契約]
不動産会社A
オーナー
ひとつの不動産会社にだけ
売買などの仲介を依頼できる

①一般媒介契約

ほかの不動産業者とも媒介契約を結ぶことが認められるもの。

②専任媒介契約

ほかの不動産業者と重ねて媒介契約を結ぶことが認められないもの。

③専属専任媒介契約

②専任媒介契約の一種。たんなる②専任媒介契約の場合には、オーナーが自分で見つけた借主と不動産業者を通さず賃貸借契約を結ぶことができますが、専属専任媒介の場合は、オーナー自身が見つけた借主であっても、媒介契約を結んだ不動産会社を通して賃貸借契約を結ばなければなりません。

オーナーからの信頼が高いとみなされるのは、3つのなかでも②専任媒介契約、または③専属専任媒介契約を多く結んでいる不動産業者です。

なぜなら、オーナーが所有する物件の売買や賃貸借契約について、「ほかの不動産業者には頼まない。あなただけに仲介を任せます」と言っているのも同然の契約だからです。

オーナーにとって大事な不動産を、誰に売り、誰に貸すかということを一任されているのですから、これほど高い信頼はありません。

ちなみに、②専任媒介契約と③専属専任媒介契約を比べると、後者のほうが、よりオーナーの信頼が高いように思えますが、実際の仲介では後者の形を取るケースはほとんどありません。

オーナーの立場からすれば、家族や親せきに貸す場合まで不動産業者を通さなければならなくなるのは面倒ですし、業者側にとっても、専属専任媒介契約を結ぶと、仲介業務の実施状況を週に1回以上、オーナーに報告しなければならないなどの負担が増大します。そのため、オーナー、不動産業者ともに「②専任媒介契約で十分」と考え、むしろ③専属専任媒介契約は避けたがる傾向があるのです。

ですから、③専属専任媒介契約が少なくても、②専任媒介契約で取り扱っている物件の数が多ければ、十分に信頼できる不動産業者であると判断して問題ありません。

不動産業者を訪問した際には、どの形式の媒介契約をより多く結んでいるのかを遠慮せずに尋ねてみましょう。

【不動産業者選びのポイント② テナント募集】

幅広い業種とかかわりのある不動産業者がベター

どんなにいい物件を取得しても、入居してくれるテナントを確保できなければ、不動産投資は成り立ちません。

賃貸アパート・マンションであれば、入居付けを得意とする不動産業者はいくらでもありますが、工場・倉庫物件のテナント候補となるメーカーや物流会社、小売業者、飲食業者などを、幅広く募集できる業者は限られています。

過去に工場・倉庫物件のテナント募集で十分な実績を上げている業者を選ぶのが望ましいのは言うまでもありません。

たとえ工場・倉庫に適した物件でも、用途地域や周辺の環境によっては、騒音や振動を出す工場・倉庫には不向きなこともありますし、そうした場合は、店舗やレストランなど、別の業種を探さなければなりません。

また、工場・倉庫は、一般に10年、20年といった長期賃貸借契約を結ぶことが多いものですが、テナント側の事情で突然、中途解約されるリスクも皆無ではありません。次のテナントがすぐに見つからないと、空きの期間が長くなり、収益が著しく悪化する恐れもあります。

これらの点を考えると、できるだけ幅広い業種、幅広いテナントとのネットワークを持ち、空いたときには、すぐに次のテナントを募集して埋められる〝引き出し〟の多い業者を選ぶことがベターであるといえます。

このほか、第2章で説明した「オーダー建物」(89ページ参照)を建てたいと考えるのなら、大手のコンビニエンスストアや外食チェーンなど、建物の改装費用を自社負担したうえで、長期賃貸借契約を結んでくれそうなテナント候補とかかわりのある業者を選びたいところです。

大手チェーンがテナント契約を結ぶには、仲介する業者の信用と実績を非常に重視します。あまり経験のない業者を通じて賃貸借契約を結び、貸主との間でトラブルなどが発生すると、出店計画に悪影響が生じてしまう恐れがあるからです。

ちなみに、当社は、「オーダー建物」の仲介についても、これまでに相当の実績を持っております。

工場・倉庫物件のテナント募集を任せる不動産業者を選ぶに当たっては、どれだけ幅広い募集用のチャネルを持っているかということも重要なポイントとなります。

一般に、テナントを募集する方法としては、次の3つが考えられます。

①チラシ

客層を特定せず、不特定多数に物件情報を発信する広告手段です。

②ダイレクトメール

主として特定のターゲット層に対して物件情報を発信する広告手段です。

③インターネット

不動産専門のポータルサイトなどを使ってテナントを募集します。最近は、文字や写真の情報だけでなく、動画を使ってバーチャルで物件を内覧できるサイトもあります。また、サイトへのアクセス状況や、どんな物件情報がよく閲覧されたのかといったユーザーの行動履歴を解析することで、訴求方法を変えて成約につなげることが可能です。

これらの3つの方法のなかで、現在、最もよく用いられているのは③インターネットによる情報発信です。

当社が取り扱っている工場・倉庫物件も、すべてインターネットで情報提供しており、ユーザーの反響を見ながら訴求方法を調整することで、いいテナントが、なるべく早く決まるようにしています。

これまでの経験に基づいて、ユーザーの行動履歴の分析手法や、成約がなかなか決まらないときの解決手法といったノウハウもかなり蓄積しています。

たとえば、当社はこれまでの経験から、1物件の情報につき120以上のクリック数があれば、成約の可能性があることがわかっています。

逆に、クリック数が1カ月で100を下回るような物件は、テナントが決まりにくい傾向が見られます。

したがって、なるべく早く成約を決めるためには、「クリック数をいかに増やすか」ということが重要になってきます。

そのためには、物件情報の魅力を少しでも高めなければなりません。

立地や建物の状況については変更しようがありませんが、情報の魅力を高めるために唯一、すぐに変えられるのは賃料です。そこで、クリック数が少ない物件の情報については、周辺の賃料相場や収益に及ぼす影響を細かく分析したうえで、可能な限り下げるという方法を取ることもあります。

賃料は下げない代わりに、数カ月程度のフリーレント期間を設けるというのも有効な方法です。

いずれにしても、1件でも多くのテナント候補に物件情報に注目してもらわなければ、成約には結び付かないわけですから、情報の魅力を高めることは非常に重要な戦略であるといえます。

一方、用途地域などの制限があるために、募集するテナントの業種を絞り込みたいときや、「オーダー建物」を造るため、大手チェーンなど特定のテナント候補に情報発信したいときなどは、②ダイレクトメールが有効です。

ダイレクトメールを送る場合には、送り先のリストが必要となりますが、そうした情報を個人の力で収集するのには限度がありますので、やはり業者に頼むのが望ましいといえます。

もっとも、ダイレクトメールを発送する不動産業者がどれだけの信用と実権を持っているかによって、受け取ったテナント候補の反応は大きく変わってくるものです。

過去に数多くの工場・倉庫物件や「オーダー建物」を扱った経験を持つ業者からのダイレクトメールであれば、すぐにごみ箱に入れられてしまうといったことはないと思いますし、経験豊富な業者なら、ダイレクトメールを送りっぱなしにすることはなく、きちんとフォローアップの電話やメールをするはずです。それだけ、成約の確度が高まるわけです。

投資用不動産のテナント募集を行う業者には、賃貸アパート・マンションを専門とする業者、オフィスビル・商業ビルに強い業者など、それぞれ得手、不得手がありますが、得意とする分野については、それなりの情報発信力や成約に結び付けるためのノウハウを持っているものです。

もちろん、工場・倉庫物件を専門とする業者についても同様です。

ただし、繰り返しになりますが、工場・倉庫を専門とする業者は、ほかの物件を得意とする業者に比べて、それほど数が多くありません。

業者選びをする際には、どれだけ多くのテナント候補を確保しているかに加え、募集のための手段やアイデアをどれだけ持っているかということを、選択の目安にするといいでしょう。

【不動産業者選びのポイント③ 管理】

管理の良し悪しを見極める4つのポイントとは

物件の取得、テナント募集と並んで、不動産投資の成否を分ける重要なポイントとなるのが管理です。

投資用不動産の管理には、物件そのものの設備などの管理と、入居するテナントの管理の2つがありますが、どちらを怠っても、安定的な入居の確保や、賃料収入を維持できなくなる恐れがあります。

工場・倉庫物件の管理には、アパート・マンションやオフィスビル・商業ビルとは異なる専門知識やノウハウが要求されます。

どれだけ確かな専門性を備えているのかを知るためには、次の4つのポイントについてチェックするといいでしょう。

①契約更新時の対応
②トラブルがあった場合の対応
③テナント退去時の対応
④建物診断のサポート

以下、それぞれについて詳しく見ていきます。

①契約更新時の対応

賃貸借契約が満期を迎えるに当たり、オーナー（貸主）、テナント（借主）の双方がその継続を希望すれば、契約は更新されることになります。

賃貸アパート・マンションであれば、物件を管理する不動産業者は、更新の処理のために必要な書類をテナントに郵送し、署名捺印されて戻ってきたものを受け取るだけなので、それほどの手間はありません。

しかし、工場・倉庫物件の場合、書類のやり取りだけで更新手続きが終わることはありません。

テナントとオーナーの双方から契約更新の依頼を受けた不動産業者は、まず、管理している物件に足を運び、テナントが契約時に合意したとおりの用途を守っているかどうかをチェックする必要があります。

たとえば、オフィスとして利用されるはずだった倉庫が、いつの間にか飲食店として使われていたというようなケースも決して珍しくはありません。

万が一、管理を委託された不動産業者がそれを見過ごしたまま契約を更新すると、オーナー自身が「当初の契約とは違う用途で利用することを許可した」とみなされてしまう恐れがあります。

また、テナントが、オーナーの許可を得ることなく、借りている工場・倉庫の改修工事を勝手に行ったりするケースもあります。

このようなケースに関しても、業者が見過ごして契約を更新してしまったら、やはりオーナーが工事を認めたことになってしまいます。

そうなると、たとえオーナーが契約違反を理由にテナントを裁判で訴えたとしても、「貸した側が認めているのだから、契約違反はない」と退けられ、泣き寝入りせざるを得なくなる可能性があります。

こうした状況を防ぐためには、管理を請け負った不動産業者が契約更新前に現場の状況を確認し、問題があれば指摘することが不可欠なのですが、工場・倉庫の管理に慣れていない業者は、そうした当たり前のことを怠ってしまいがちなのです。

管理を任せる不動産業者を選ぶ場合には、過去に更新にかかわるトラブルを起こしていないかということを、十分にチェックする必要があります。

また、後でトラブルにならないように、契約更新前には、オーナー自身も自分の目で建物の状況をチェックすることをお勧めします。

②トラブルがあった場合の対応

建物を勝手に用途変更されたり、無断で改修工事をされたりするだけでなく、テナントとの間では、いろいろなトラブルが発生しがちです。

たとえば、賃料の支払いが滞ったり、知らない間に建物が転貸（又貸し）されていたりすることも、テナントとの間で起こりがちなトラブルの代表例です。

また、テナントが発する騒音や振動、においなどについて近隣住民からクレームが起こり、調整を余儀なくされることもあります。

そうしたトラブルが発生したときに、オーナーとテナントの間に立って、適切に処理できる能力を持っているかどうかということも、管理を任せる不動産業者を選ぶうえで非常に重要なポイントだといえます。

テナントのトラブルへの対処は、賃貸アパート・マンションやオフィスビル・商業ビルなどの管理においても日常的ですが、工場・倉庫においては、ほかの物件とは異なる特殊なノウハウが要求されます。

管理する不動産業者は本来、オーナーの立場に立ってトラブルに対処すべきであることは言うまでもありませんが、一方で、その対応の姿勢が原因となり、問題がますますややこしくなって、結果的にオーナーに不利益を与えてしまう恐れがあるのです。

たとえば、オーナーの立場からすれば、トラブルを起こしたテナントは強制的に退去させたいと思うものです。

トラブルの原因がテナント側にある場合、原則的には、民法や借地借家法などのルールに基づいて契約を解除することが可能です。

しかし実際には、賃貸借契約においてオーナー側から解除を行うのは非常に難しい状況となっています。解除が認められると、テナント側は事業の拠点を失い、ビジネスに大きな打撃を受けることになるので、裁判になった場合、裁判所は解除をできるだけ制限しようとする傾向があるからです。

裁判所が、オーナー側の主張に従って解除を認めるのは、主に次ページの3つの事情がある場合に限られてしまいます。

（1）賃料の滞納がある場合
（2）オーナーとテナントの間の信頼関係が損なわれている場合
（3）工場・倉庫の老朽化などにより建て替えの必要がある場合

しかも、右の（1）（2）の事情があったとしても、すんなりと契約解除が認められるとは限りません。

まず、（1）賃料の滞納がある場合については、過去の裁判例を見ると、1カ月や2カ月ではなく、最低でも3カ月以上の滞納がなければ、解除の理由としては認められないようです。

（2）オーナーとテナントの間の信頼関係が損なわれている場合については、単に「感情的な対立がある」という程度では、信頼関係が損なわれているとはみなすことができないと考えられています。

また、（3）工場・倉庫の老朽化などにより建て替えの必要がある場合については、テナントに立ち退いてもらうために高額の立退料を支払わなければなりません。

ですから、「過分なコストを負担するくらいなら、建物はそのままにして、長く借りてもらおう」というのが現実的な判断となるはずです。

いずれにしても、オーナー側から賃貸借契約の解除を行うことは非常にハードルが高く、トラブルへの対処法として必ずしもベストな選択とはいえません。

むしろ、オーナー、テナントの双方が歩み寄り、互いに納得できる何らかの妥協点を探る形で解決するのが得策といえるでしょう。

そうした点を考えると、物件の管理を請け負う不動産業者にも、トラブルが発生した際にはオーナーとテナントの仲介役となり、双方が合意できる柔軟かつ多様な解決策を提示できる経験やノウハウが求められるといえます。

当社の場合、オーナーから管理を請け負っている物件のテナントと普段から密接にコミュニケーションを交わし、信頼関係を築くようにしています。

トラブルが起こったときに、何もない状況でオーナーからの苦情をテナントに伝えるよりも、信頼というワンクッションがある状況で伝えたほうが、問題をこじれさせる可能性が低くなるからです。

③テナント退去時の対応

どんなに長期の賃貸借契約を結んだとしても、テナントの事情によって中途解約となる場合があります。

解約時に管理する不動産業者が行う手続きや対応は【図4‐2】のとおりです。

肝心なのは、テナントから解約の意思表示を受けたら、その日のうちにオーナーに連絡を取り、テナントから書面にて解約予告通知書を受け取ることです。

さらに、〝同時進行〟で次のテナントの募集条件の打ち合わせをオーナーと行います。退去後の賃料の空白期間を短くするために、できるだけ早く次のアクションを起こすことが大切なのです。そうしたフットワークのよさを持っているかどうかも、管理する不動産業者を選ぶ重要なポイントだといえます。

もっとも、テナントとの間で契約終了時にトラブルが発生すると、次のテナントを確保するまでに時間がかかってしまう恐れがあります。とくに近年は、テナントと原状回復をめぐってのトラブルが発生し、工事が遅れたために賃料の空白期間が長引いてしまうケースが後を絶ちません（176ページ参照）。

[図4-2] 管理する不動産業者の解約時の対応

テナントからの解約の意思表示

↓

(**即連絡**)
当日にオーナーへ連絡。
また、テナントから書面にて解約予告通知書を受け取る。

(**新規募集**)
賃料の空白期間がないよう、
"同時進行"で次期テナント募集条件の打ち合わせを行う。

立ち会い日の設定、原状回復工事

↓

(**立ち会い**)
オーナー、テナント立ち会いのもと、
原状回復義務の範囲を特定し、見積もりを行う。

(**施工**)
依頼の内容に基づき、工事を行う。

(**提案**)
床の塗り替えをはじめ、入居中にはできない工事も提案する。

明け渡し

↓

(**カギの受領**)
カギの返却を行う。

(**清算**)
書面で清算書を作成する。

(**新規募集**)
原状回復工事後に再度募集条件の打ち合わせを行う。

募集へ

したがって、工場・倉庫を管理する不動産業者には、契約終了時に起こりがちなトラブルを防ぎ、テナントの退去を円滑に進めるノウハウも求められます。

④建物診断のサポート

工場・倉庫の賃貸借契約は、10年、20年と長期にわたるのが一般的です。長期間テナントが利用すれば、当然ながら、建物にさまざまな不具合が生じます。

建物をできるだけ長持ちさせるためには、致命的な不具合が生じる前に修復する必要があります。そのためには、定期的な診断が欠かせません。

たとえば、外壁のクラック（ヒビ）は、放置しておくと、どんどん広がってしまいます。修復が困難になる前に、適切な塗装工事を施さなければなりません。

また、建物の防水機能が低下すると、雨漏りなどによってテナントが所有する設備や商品などに大きな被害が生じるかもしれません。そうなると、テナントから賠償請求されたり、賃貸借契約を中途解約されたりする恐れもあります。

このようなトラブルを避けるためにも、定期的な建物診断はしっかり行いたいものですし、管理する不動産業者を選ぶ場合には、診断サービスを提供しているかも目安のひとつにしたいところです。

このほか、建物診断を行うことには、次のようなメリットがあります。

(1) テナントの使用状況を確認できる

当初の契約とは異なる用途に使われているような場合でも、すぐに気付くことができます。

(2) 状況を確認しておくことで、計画的な維持運営が可能となる

急な出費を防ぎ、長期的なメンテナンス計画を立てることができます。

以上、物件取得、テナント募集、管理という3つの役割ごとに、不動産業者選びのポイントを見てきました。3つの役割を兼ね備えている業者であれば、すべてワンストップでお任せできるので申し分ありませんが、工場・倉庫は他の物件とは異なる専門性を要求される不動産なので、オールラウンドの業者はそれほど多くありません。

そんななかでも、当社は、すべてを兼ね備えた数少ない工場・倉庫専門の不動産業者であると自負しております。

第5章

長期安定収入を確保するにはリスク回避を忘れずに

4つのリスクをいかに回避するか

この章では、不動産投資に伴うさまざまなリスクやトラブルと、その回避方法について考えてみたいと思います。

ここまで、工場・倉庫物件を中心に、さまざまな投資用不動産のメリット・デメリットについて見てきました。不動産の種類ごとに、入居付けや管理のしやすさ、収益の上がりやすさなど、違いがあることがおわかりいただけたのではないかと思います。

一方で不動産投資には、その種類の違いにかかわらず、共通するいくつかのリスクが存在します。

たとえば、「自然災害リスク」。地震や洪水などによって建物が倒壊し、不動産経営が持続できなくなるという危険は、建物の種類に関係なく潜んでいるものです。

また、金融機関から資金を借り入れて、土地・建物の取得や、建物の建築をするのであれば、「金利変動リスク」がどうしても付きまといます。借りた後で金利が大きく上昇すると、当初予定していたよりも返済額が膨らみ、賃料収入では返済が賄いきれなくなって、赤字経営に陥ってしまう可能性があるのです。

このほか、不動産経営を脅かす主なリスクには次のような4つがあります。

①空室リスク
②賃料下落リスク
③賃料滞納リスク
④テナント（入居者）とのトラブル

ここでは、右の4つの中でも、とくに不動産経営に大きな影響を及ぼしやすい①空室リスクの回避方法について考えてみましょう。

不動産投資にはさまざまな方法がありますが、最もベーシックなのは、取得した物件を貸して賃料を得る方法です。

これを成立させるためには、とにもかくにもテナント（入居者）を確保しなければなりません。どんなに利回りの高い物件でも、テナントが入らなければ家賃は一円も入ってきませんし、借り入れによって不動産を取得していた場合は、利息がそのまま持ち出しになってしまいます。

とくにアパート・マンションの場合、「駅から遠い」「建物が古い」といったように物件そのものの魅力が乏しいと、なかなか入居者が付かず、空室が生じやすくなる傾向があります。

空室が生じると、「何とか埋めなければ、損失が膨らんでしまう」という焦りが募り、多少家賃を下げてでも入居者を確保しようとします。その結果、収益がどんどん悪化して、不動産経営がますます立ち行かなくなるという悪循環に陥りやすいのです。

つまり、空室リスクと賃料下落リスクは表裏一体の関係、さらにいえば、「空室が発生するから、家賃を下げざるを得なくなる」という因果関係にあることがおわかりいただけるのではないかと思います。

こうした負のスパイラルに落ち込まないためにも、立地条件の悪い土地に老朽化したアパート・マンションなどを保有していらっしゃる方は、駅近の土地に買い替えたうえで、いまどきの入居者に好まれやすいアパート・マンションを建てることなどを検討したほうがいいかもしれません。

ちなみに、たとえ駅から離れていても、入居者の興味をくすぐるアイデアや仕掛けを盛り込めば、空室を回避できる可能性もあります。

たとえば、「ペット可」とか「近隣の福祉施設のサービスを利用できる」といった付加価値を付けてみるのも方法でしょう。

ひとり暮らしの高齢者の増加などとともに、「ペットと一緒に暮らせる」アパート・マンションのニーズが今後、ますます高まっていくことは間違いありません。そうした物件であれば、多少駅から離れていても住みたいと思う人は多いはずです。

また、高齢の入居者は「突然、病気やケガになったらどうしよう」という不安をつねに抱えています。そんなとき、すぐそばに、いつでも頼りにできる福祉施設があれば心強いのは言うまでもありません。

駅から離れた土地を持っていて、アパート・マンション経営を考えていらっしゃる方や、すでにアパート・マンションを経営していて空室に悩んでいらっしゃる方は、そうしたひと工夫を凝らしてみてはいかがでしょうか。

こうしたアイデアや仕掛けは、自分だけで考えてもなかなか思い浮かぶものではありませんが、入居付けや管理を請け負う不動産業者の中には、地域や住民（人口）分布の特性などを考慮しながら、「こういう付加価値を付ければ、もっと入居者が確保しやすくなります」と提案してくれるところもあります。

実際、周辺のアパート・マンションの入居率は70～80％なのに、そうした業者が管理する物件は、ひと工夫によって90％を超える入居率を維持しているケースも珍しくありません。業者選びの際には、立地や物件に見合った工夫が提案できるかどうか、それによって実際に高い入居率を実現できているかどうかを、目安のひとつにすることをお勧めします。

空室リスクを抑える4つの方法とは？

さまざまな投資用不動産の中でも、比較的、空室リスクを抑えやすいのは工場・倉庫物件です。

第1章でも説明したように、工場・倉庫は駅から離れていても賃貸需要が見込めますし、どんなに建物が古くても、需要に悪影響が及ぶことはほとんどありません。

しかも、一般にアパート・マンションの家賃は建物の築年数とともに下がっていくものですが、工場・倉庫の賃料相場の下がり方は、アパート・マンションに比べると非常になだらかです。

このように、空室リスクだけでなく、賃貸下落リスクにもさらされにくいのが工場・倉庫投資の大きな魅力であるといえます。

とはいえ、工場・倉庫も、空室リスクとまったく無縁というわけではありません。

たとえば、景気が悪化すると、テナントの事業縮小に伴って、本来は長期で結んでいた賃貸借契約が突然解除されてしまうといったことは十分ありえますし、次のテナントがなかなか決まらず、長期にわたって空きになってしまう恐れもあります。

一棟もののアパート・マンションやオフィスビルなどと違い、原則的にひとつの物件に1件のテナントしか入居できない工場・倉庫は、そのテナントが退去すると、たちまち賃料収入がゼロになってしまいます。

複数戸で構成される一棟もののアパート・マンションなら、たとえ1~2戸の入居者が退去しても家賃収入がゼロになることはありませんが、工場・倉庫は、たったひとつのテナントが退去するだけで収入が完全に途絶えてしまうのです。

しかも工場・倉庫の場合、いったん退去されてしまうと、次のテナントが決まるまでにはそれなりの時間がかかることもあります。

アパート・マンションなどと比べると、「工場・倉庫を借りたい」というニーズは圧倒的に少なく、用途や予算にマッチした物件を吟味されるので、どうしても時間がかかってしまうのです。一般に工場・倉庫の賃貸では長期契約を結ぶわけですから、借主が物件選びに慎重になるのは無理もありません。

いずれにせよ、工場・倉庫物件で空室リスクを抑えるためには、いったん空いてしまったときに、次のテナントをどれだけ早く決めるかということが重要であることがおわかりいただけると思います。
テナントを早く決めるためのポイントは、次の４つです。

①募集条件を見直す
②業種を絞ってアピールする
③建物をリノベーションする
④建て替えや買い替えをする

以下、それぞれの方法について具体的に紹介していきます。

①募集条件を見直す

テナントが退去して空きが生じてしまったら、何はともあれ次のテナントの募集を掛けることになります。一般的には、賃貸不動産のポータルサイトなどに物件情報を掲載することになるでしょう。

ところが、情報掲載から１カ月、２カ月がたっても、なかなか問い合わせが来ないことがあります。その場合は、募集条件の見直しを考えてみましょう。

第4章でも書いたように、物件の立地や建物の状況はすぐに変えることはできませんが、唯一、簡単に変えられるのが賃料および保証金です。

問い合わせが少ないのは、「物件そのものは魅力的だけど、賃料が高い」という理由かもしれません。当社のホームページに掲載している工場・倉庫の物件情報でも、賃料を下げたことによってクリック数や問い合わせ件数が急増したケースが多いのは、すでにご紹介したとおりです。

もちろん、だからといって、あまり極端に賃料を下げることはお勧めできません。空きの解消を優先するために賃料を極端に下げると、税金や費用の負担が賄いきれなくなって、赤字経営に陥ってしまうことがあります。資金を金融機関から借り入れて土地や建物を取得した場合は、月々の返済を賄う必要もあるので、なおさら賃料の設定は慎重に行うべきです。

まずは、設定している賃料が周辺相場と比較して適正なのかどうかを調べてみましょう。賃貸不動産のポータルサイトで、あなたの持つ物件の周辺にある工場・倉庫がいくらで賃貸されているのかをピックアップしてみるのです。

次に、いくつかピックアップしたものの中から、賃料の上位2割と、下位2割を取り除き、残った6割の物件の平均的な賃料相場を導き出します。

この賃料相場に比べてあなたの保有する物件の賃料が高いようであれば、「割高だ」と思われて敬遠されている可能性があるので、相場の水準まで賃料を下げてみるのです。

これを試してみるだけでも問い合わせの件数はかなり増えるはずですし、相場に合わせた賃料水準であれば、収益が極端に悪化することもないでしょう。

②業種を絞ってアピールする

賃料を適正水準にしたのに、それでも借主が現れない場合は、思い切って募集をかける業種を絞ってみる方法もあります。

立地や建物の状況など、物件の持つ特徴に合わせて、それに適すると思われるテナントの募集を行うのです。

たとえば、準工業地域にある24時間稼働可能な物件であれば、コンビニエンスストアなどに向いていると思いますし、天井の高い建物であれば、工場・倉庫としての用途のほかに、撮影スタジオやドローンの練習場、クライミングの練習場など、「高さ」を必要とするサービス業向けに訴求できるのではないでしょうか。

このように、あらかじめ想定されるターゲットを絞り込み、物件情報に関するダイレクトメールを郵送するのです。

ただし、オーナーの方自身が直接ダイレクトメールを送られるよりも、不動産業者に送付を依頼したほうがいいと思います。個人からダイレクトメールが送られてきても、何となくうさんくささを感じて、警戒心を抱かれてしまうケースが多いからです。

当社のように工場・倉庫を専門的に扱っている不動産業者であれば、「この物件はこんな業種にふさわしい」という相性を熟知していますし、さまざまな業種のお客様と取引があるので、ダイレクトメールの送付先も適切に選定できます。

不動産業者にダイレクトメールの送付を委託される場合には、物件のアピールポイントを詳しく伝えておくことが大切です。

たとえば、「この物件は1階と2階にそれぞれ貨物の搬入口があるので、空間をできるだけ効率よく使いたいという倉庫業者にぴったりです」といった魅力を伝え、それを情報として盛り込んでもらうだけでも、問い合わせの件数は相当増えるはずです。

③建物をリノベーションする

先に述べたように、立地や建物の状況はすぐには変えられないものですが、周辺相場に合わせた適正な賃料を設定しても問い合わせが増えないのであれば、これらの見直しも考えるべきかもしれません。

さしあたり手を付けやすいのは、建物のリノベーションということになるでしょう。

リノベーションには、開口部の大きさや天井の高さなどを変える部分的な改装と、外装など含めて大掛かりに造り直す全面的な改装の2種類があります。

工場・倉庫の場合、業種によって使用する機械や設備、積み入れる荷物の大きさが異なるので、「現状の開口部では小さすぎる」ということが、テナント付けの障害となるケースもあります。開口部をなるべく大きくして、どんな業種にも対応できるようにすると、それだけでも問い合わせの件数が増えやすくなるものです。

また、外装を全面的にリノベーションすると、それだけで建物の見栄えがよくなり、テナント付けがしやすくなる傾向があります。

アパート・マンションやオフィスビルなどと違って、工場・倉庫は外観よりも、「空間をいかに利用できるか」ということのほうが重視されるのは言うまでもありませんが、それでも、「あまりにも古い建物だと企業イメージに響く」といった理由で、なるべく見た目のよい工場・倉庫を選びたがるテナントは少なくありません。

とくに最近は、慢性的な人手不足を解消するため、おしゃれで清潔な職場環境を求める企業が増えており、工場・倉庫についても、見た目のよい物件が選ばれやすい傾向が強まっているようです。

第1章でも解説したように、工場・倉庫は、商業施設や娯楽施設など、さまざまな用途に使用されますが、そうしたサービス業のテナントは、なおさら外観を重視しやすいものです。

言い換えれば、外観をよくするだけで、より多くの業種に物件をアピールできるようになるわけです。

④建て替えや買い替えをする

以上のような方法でアピールしてもテナントが見つからない場合は、建て替えや、物件そのものの買い替えも検討したほうがいいかもしれません。

建て替えの場合、ポイントとなるのは、建ぺい率や容積率に応じて、なるべく効率のよい建物を建てることです。

使える広さや高さをなるべく使って、より多くの賃料が得られるような建物に建て替えたいところです。

とはいえ、第3章でも述べたように、工場・倉庫の場合は「2階建て」が最もテナントを確保しやすい建物です。3階以上も建てられる容積率がある場合は、「2階までは工場・倉庫、3階以上は住宅にする」といったように、用途を複合させることも検討してみてはどうでしょうか。

また、第3章でも述べたとおり、どんなに建ぺい率が大きくても、建て替えの際には十分な駐車スペースを確保することをお勧めします。

駐車スペースが狭い工場・倉庫は、荷物の出し入れなどでの使い勝手が悪いので、どうしても敬遠されやすくなります。

買い替えをする場合は、騒音や振動、においなどに関する近隣住民のクレームが少ないと予測でき、前面道路の広い土地に買い替えるのが理想的です。

商業施設や娯楽施設にも使える準工業地域や、建ぺい率、容積率の高い地域など、なるべくテナントの選択肢が多くなる土地を選びたいところです。

賃料滞納リスクは「入り口」で回避する

空室リスク、賃料下落リスクと並んで、不動産投資の収益を著しく悪化させる恐れがあるのが賃料滞納リスクです。

たとえテナントが入居していても、賃料をきちんと支払ってもらえなければ収入が途絶えてしまうのですから、未然に防ぐための工夫を凝らし、滞納が発生した場合は、何としてでも速やかに対処する必要があります。

一般に、工場・倉庫のテナントは、アパート・マンションの入居者に比べて賃料を滞納するケースは少ないといえます。

テナントが大手メーカーや倉庫会社、チェーンストアといった優良企業であれば、まず問題はありません。そうでなくても、「賃料をちゃんと払っていない」という悪評は会社の信用に響きますし、〝飯のタネ〟である機械や商品などを置く工場・倉庫はテナント企業にとって重要な拠点のひとつなのですから、オーナーの機嫌を損なって、それを失うことのないように、賃料はきちんと支払うものです。

しかし、大手以外のテナント企業の場合、経営状態が悪化し、資金難に陥ったときには、賃料滞納リスクが一気に高まります。キャッシュが回らなくなると、仕入先など取引相手への支払いや、従業員への給与払い、金融機関への返済などを優先させ、賃料の支払いは後回しにする傾向が見られるからです。

もちろん、テナントが賃料を支払わなければ、オーナーは賃貸借契約を解除することが可能です。ただし、第4章で述べたように1カ月や2カ月程度の滞納では、訴訟を起こしても、裁判所から「解除の理由としては不十分」とみなされるケースが多いようです。過去の裁判例では、滞納期間が3カ月以上に及んでいなければ、裁判所は契約の解除を認めていません。

また、裁判所が解除を認めたとしても、テナントが自主的に退去しない場合には、強制執行の手続きが必要となります。そのための手数料と訴訟費用は100万円を超えることもあり、しかもすべてオーナー側が負担する必要があります。

つまり、裁判沙汰になるまで賃料滞納リスクを放置してしまうと、予想以上に多くの費用や手間がかかり、収益が著しく下がってしまう恐れがあるのです。

そうした事態に陥らないようにするためには、問題が生じた時点で、速やかに対策を取ることが望ましいといえます。

まず、賃料の支払いが1回でも遅れたら、時間を置かず直ちに督促しましょう。その際に、「遅れてしまってすみません。すぐに支払います」などとテナントが応じてきた場合は、滞納している金額と、支払い予定日を合意書の形で残しておきます。

このように、テナントが滞納した事実と、オーナーが督促した事実を文書化しておけば、結局、予定日に賃料が支払われず、やむを得ず裁判になったとしても、オーナー側が訴訟を有利に進めることができるでしょう。

賃料滞納リスクを軽減する策としては、家賃保証会社を利用する方法もあります。家賃保証会社は、賃料の1カ月分など所定の保証料を払うと、滞納された賃料をテナントに代わって支払ってくれます。

賃貸アパート・マンションのオーナーを対象とするサービスが一般的ですが、最近では工場・倉庫のオーナーにもサービスを提供する家賃保証会社が増えています。

手数料はかかるものの、万が一、滞納トラブルが発生して訴訟に発展した場合には、比較にならないほどの費用負担が発生するのですから、非常に安上がりだといえるかもしれません。

ところで、賃料滞納リスクを根本的に抑えるためには、そもそも「入り口」（賃貸借契約）の段階で、滞納を起こしそうにないテナントを選ぶことが非常に大切です。

たとえば、当社では現在約６００棟の工場・倉庫物件の管理をオーナー様から請け負っていますが、これまでに賃料滞納が発生したことはほとんどありません。

これは、「入り口」の段階で、かなり厳格にテナントを審査していることが効果を発揮しているといえます。

当社の場合、テナント候補が現れると、まずは東京商工リサーチや帝国データバンクなどの信用調査会社に照会して、そのテナント候補が実在するかどうかを確認します。

信用調査会社のデータには、テナントの業績や財務状況、信用調査会社による信用評価なども記されていますが、ほとんど参考程度にしかしていません。それよりも、テナント候補の会社が「実際に存在しているかどうか」という点が重要なのです。

なぜなら、滅多《めった》にあることではありませんが、実体を伴わない会社が、最初から賃料を踏み倒すつもりで賃貸借契約を結ぼうとするケースもあるからです。

信用調査会社のデータが存在しないテナント候補については、当社のスタッフが実際に足を運んで、会社が存在するかどうかを確認します。

なかには、入居するビルに看板が掲げられておらず、フロアに行っても、それらしき事務所すらない会社もあります。これらの事実だけでも、実体を伴っていないことは明らかですから、賃貸借契約を結ぶことは絶対にありません。

また、賃貸借契約を交わす際に、保証金や礼金、手数料などを「分割払いにしてほしい」と言ってくるテナント候補も要注意です。

まとまったお金の支払いを先送りするということは、それだけ資金繰りに困っていることを推測させるからです。

当社では、最初に払うまとまったお金をきちんと払ってくれたこと、連帯保証人などの印鑑証明がきちんとそろっていること、契約書の内容がまとまり、オーナー（貸主）・テナント（借主）の双方が合意したことの3点をしっかりと確認してはじめて、テナントに建物のカギを渡すようにしています。

これらの手続きが完了していないのに、テナント候補に安易にカギを渡してしまうのは、非常に危険な行為です。

なかには、「保証金のために用意しておいた現金を、商品の仕入れのために使ってしまった。必ず○月○日には支払うから、先にカギをもらえないか」などと言ってくるテナント候補もいますが、絶対に渡してはいけません。相手は最初から保証金を払うつもりがなく、カギを手に入れたら延々と居座る可能性があるからです。

万が一、そんな詐欺的なテナントに入居されてしまったら、保証金はおろか、賃料も得られない悲惨な状況に陥ってしまうかもしれません。

ちなみに、筆者自身、若い頃に印鑑証明をきちんと確認せず、詐欺行為に遭ってしまった苦い経験があります。

ある不動産会社でサラリーマンをしていたときの話です。懇意にしていただいていたオーナー様が、ある人に20坪ほどの建物を貸すことになりました。契約日当日、オーナー様のところに、借主と、連帯保証人となる借主の兄が集まって契約を結ぶ予定でしたが、なぜか連帯保証人が現れません。

借主からは、「兄から都合で来られないが、すでに連帯保証人となる了承を取り付け、実印も借りてきている。印鑑は押せるので契約を結んでほしい」と言われ、オーナー様も筆者も戸惑ってしまいました。

念のため、「本人の意思を確認させてほしい」と、その場で借主の兄に電話を掛けてもらったところ、「弟から聞いています。後日、印鑑証明を持っていきますので、とりあえず契約を進めてください」と言われたので、うっかり契約を交わし、カギを渡してしまいました。

ところが、その後、借主の兄が現れることはなく、契約の翌月以降から入るはずの賃料も、まったく入りません。

借主自身も行方不明となってしまい、仕方がないので連帯保証人に請求しようと契約書に書かれた番号に電話を掛けたところ、出たのはまったく赤の他人で、兄にたどり着くこともできませんでした。

カギを渡してしまったので、建物の中に荷物が運び込まれてしまったのですが、すでに賃貸借契約を結んでいるので排除しようもありません。

やむを得ず、物件の前で何日も張り込みをしたところ、ようやく借主本人が現れたので、「賃料は払わなくてもいいから、即刻契約を解除してほしい」と直談判をして、何とか一件落着となりました。

完全にだまされたわけですが、そもそも、連帯保証人の印鑑証明をしっかりと確認しなかったことが尾を引いたわけです。

こうした苦い経験をしたことから、「契約が完全に締結されるまで、カギを安易に渡してはいけない」という教訓を得ることができました。

おかげで、当社の賃貸仲介や管理は非常に厳格となり、オーナーの皆様から高い評価をいただけるようになったのだと自負しております。

建て替え時のハードルである「立ち退き」をどう済ませるか

ここまで述べてきたように、工場・倉庫は、アパート・マンションなどに比べて高い収益が見込め、空室リスクや賃料下落リスク、賃料滞納リスクも相対的に低い点が大きな魅力です。

すでに賃貸アパート・マンションを持っていて、老朽化による空室の増加や家賃の下落に苦しんでいらっしゃるオーナーの方の中には、「いっそのこと工場・倉庫に建て替えて収益力をアップしたい」と思われている方もいらっしゃるのではないでしょうか。

しかし、そこで大きな障害となるのが、いまアパート・マンションの入居者に「どうやって立ち退いていただくか？」という問題です。

どんなに入居率の低い賃貸アパート・マンションでも、必ず何人かは住んでいるものですし、なかには「引っ越すお金がない」とか「ここが気に入っているので住み続けたい」などと抵抗する人もいることでしょう。

交渉がこじれると裁判沙汰となるケースもありますが、裁判所がオーナー側の主張を聞き入れて契約解除を認めるのは、主に次の3つの理由による場合です。

①借主の家賃滞納が長引いている
②貸主と借主の信頼関係が著しく損なわれている
③建物があまりにも老朽化していて、建て替えざるを得ない

このうち、①と②については、すでに第4章（138ページ）でも詳しく述べたとおりです。

③については、実際の建物の老朽化具合に応じて、裁判所が「やむを得ない」と判断すれば、契約解除が認められます。

ただし、あくまでもオーナー側の都合による解除ですから、ほぼ100％といっていいほど、入居者に対して立退料を支払うことになります。

立退料の相場は、家賃の10カ月分から1年分といったところです。仮に家賃が月8万円なら、1年分で96万円。複数戸に立ち退きを求める場合は数百万円単位になるわけですから、それを払ってでも建て替えたほうが収益面でプラスになるのかどうかを、十分に検討する必要があります。

立退料をなるべく安くするためには、不動産業者を上手に活用するのもひとつの方法です。

たとえば、不動産業者から「次の部屋をすぐに見付けて、引っ越し費用も負担するので、立退料を少し安くしてほしい」といった提案を入居者にすれば、納得してもらいやすくなるはずです。建て替えを検討するのであれば、立ち退きのサポートまでしっかり行ってくれる業者を選んだほうがいいと思います。

騒音、振動、においなどのリスクに対処するには？

工場・倉庫の賃貸をめぐって問題となりやすいのが、騒音や振動、においなどに関するトラブルです。

工場で機械などを稼働させると、どうしても大きな音が発生します。一般に工場用の建物は、壁に薄いパネルを貼っただけの建物が多いので、音が外に漏れやすく、近隣の住民に迷惑がかかってしまう恐れがあります。

工場・倉庫には、大きなトラックが頻繁に乗り付けるので、そのエンジン音や振動が気になるという住民もいます。

また、工場・倉庫としての用途だけでなく、飲食店として工場・倉庫用物件を利用するテナントもいますが、ラーメン店や焼き肉店のように強いにおいを発する飲食店の場合、周囲にそのにおいが広がって近隣住民が迷惑することもあるようです。

こうした騒音、振動、においなどの問題は、近隣住民からクレームが出ないように、事前にしっかり対処しておくことが不可欠です。最も無難なのは、そうしたリスクの少ない業種に絞り込んでテナントを選ぶことでしょう。

しかし、賃貸借契約を交わした時点では「問題なさそうだ」と思っていても、いざテナントが入居して事業を始めると、思わぬ騒音やにおいなどが発生して、苦情が出ることはよくあるものです。

そのうえ厄介なのは、「問題ないだろう」と思って契約を交わしているので、クレームが発生したときに、テナント側、オーナー側のどちらの責任で対処しなければならないのかといったことが、あいまいになっているケースが多いことです。

テナントとの信頼関係が損なわれ、長期賃貸借契約を結んだはずが中途解約されてしまったり、クレーム対処の責任をテナントから押し付けられ、防音壁やにおいを逃がすダクト（風導管）の設置など、高い改修費用を負担せざるを得なくなったりする恐れがあります。

ある不動産業者が扱った倉庫物件では、こんなトラブルがありました。

そのオーナーは、海産物を保管する冷凍倉庫業者に建物を貸したのですが、毎朝着く冷凍車のアイドリング音がうるさいということで、近隣住民からクレームを受けました。冷凍の海産物は温まると台無しになるので、搬入が終わるまで、冷凍車は荷台の冷凍庫が止まらないようにアイドリングを続けなければなりません。それが毎朝続くので、近隣の住民から「うるさくて眠れない」と文句を言われたのです。

オーナーはテナントの冷凍倉庫業者に、「こんなトラブルが発生するなんて、契約時点では知らなかった。何とかしてほしい」と言ったものの、「朝方に搬入作業を行うことは不動産業者に伝えてある。文句があるなら、不動産業者に言ってほしい」と、取り付く島がありません。

やむを得ずオーナー側から契約解除を申し入れると、「ちゃんと賃料を払っているのだから、一方的な契約解除は納得できない。冷凍庫の設置など、かなりの費用もかかっている。出ていってほしいなら、設備の導入や改装にかかった費用を全額支払ってくれ」と言い返されてしまいました。

間に立った不動産業者は、何とか仲裁しようと試みましたが、信頼関係が完全に損なわれてしまっているので冷凍倉庫業者は聞く耳を持ってくれません。結局その不動産業者は、万策尽きて当社に相談を持ちかけてきました。

当社は、「近隣からのクレームが反対運動などに発展したら、倉庫は営業ができなくなるし、オーナー様は賃料収入が完全に途絶えてしまいます。だったら、オーナー様が少し賃料を下げて、その代わりに、近所に冷凍車を止められる駐車場を借りてはどうでしょうか」と提案しました。

倉庫から少し離れた駐車場なら、アイドリングをしてもさほど気にならないので、近隣住民も理解を示してくれるはずです。オーナー、冷凍倉庫業者も納得して、どうにか丸く収めることができました。

この事例からもわかるように、近隣住民とのトラブルを避けるためには、テナントと賃貸借契約を結ぶ際に、責任の所在を明確にしておくことが重要です。

具体的には、契約書のなかで、「工場・倉庫の利用に伴って生じた騒音、振動、においなどに関して近隣との間にトラブルが起きたときには、テナント側が責任を持って対処する」という趣旨の特記条項を明記しておくのです。

そのうえで、ラーメン店や焼き肉店のように、においが出ることが最初から想定される業種の場合はダクトを取り付けてもらう、騒音が発生する可能性があるのなら壁の防音性を高めてもらうといったように、テナント側の責任で事前にしっかり対応を行ってもらうようにしましょう。

契約と異なる用途で建物を使われてしまった場合は？

工場・倉庫物件は、さまざまな用途に使えるのが大きなメリットですが、なかにはその柔軟性を生かして、当初の契約とは異なる用途に物件を転用するテナントもいます。

たとえば、最初は普通の倉庫として貸していたのに、いつの間にか飲食店になっていたといったケースです。

どんなに、近隣に迷惑のかからない業種を選んだとしても、テナント側が勝手に用途を変更したことで、騒音やにおいなどへのクレームが発生するという想定外の事態に陥ることは十分に考えられます。

また、倉庫であれば建物の傷みはそれほど大きくありませんが、知らない間に工場や飲食店などに転用されてしまうと、柱や壁などが衝撃を受けたり、著しく汚れたりして資産価値が損なわれてしまう恐れもあります。

こうした用途変更によるトラブルを避けるためには、契約時に次のような予防策を講じておくといいでしょう。

①「建物をどのような用途に使用するのか」を契約書のなかで明確にしておく

②必要があって用途を変える場合には、オーナーから書面による承諾を得ることを約束させる

なかには、これらの契約を交わしても、結局、無断で用途変更をしてしまうテナントもいます。悪質な場合は、訴訟を起こして退去させることも必要だと思いますが、裁判には手間や時間、費用がかかりますし、勝訴して退去させたとしても、次のテナントが入居するまでの間、収入が途絶えることになってしまいます。

そこで、むしろ状況を逆手に取って、有利な条件を勝ち取る方法を考えてみてはどうでしょうか。

具体的には、用途の変更を認める代わりに、賃料のアップを求めるのです。

テナント側からすれば、退去を求められれば営業ができなくなるわけですから、許容範囲内であれば値上げを受け入れる可能性は高いといえます。

転貸トラブルはどうやって防ぐ？

転貸とは、借主（転賃人）が貸主から賃貸した不動産物件を別の第三者（転借人）に貸すこと、つまり「又貸し」のことです。

もちろん、貸主が転貸を認めているのであればまったく問題ありませんが、実際には貸主の承諾を得ることなく、勝手に物件を転貸するテナントが多く、トラブルが後を絶たないようです。

そもそも、無断の転貸は民法で禁じられているので、明らかに違法行為です。

しかも、転貸が繰り返されると、その物件を実質的に使用しているのが誰なのかを特定しにくくなります。何らかのトラブルが発生したときに責任の所在が不明確となり、結果的に貸主が責任を負わされるケースも少なくありません。

貸していた建物が火事になり、周囲に延焼したりすると、貸主（オーナー）が刑事責任を負わされる可能性もあるのですから、自分の貸した物件が知らない間に誰かに転貸されていないかどうかについては、つねに細心の注意を払っておく必要があります。

たとえば、物件を貸した後に、次のような異変や兆候があった場合は、転貸が行われている可能性が高いので、すぐにテナントに確認するようにしましょう。もし、何もせずそのまま黙認していたら、転貸を認めたことになりかねません。

①借主とは違う会社の看板が掲げられていた
②郵便受けに借主とは違う名前が表示されていた
③賃料の振り込み名義が、借主とは異なる名義に変更された
④契約時の代表者とは別の人が事業を取り仕切っている

いずれの場合も、借主が「転貸はしていない」と主張するのであれば、その証拠を文書の形で提出させることが重要です。

そもそも、賃貸借契約を結ぶ時点で、「転貸をした場合は、すぐさま契約を解除する」といった一文を添えておくべきだと思います。

また、テナントから転借した者の過失などによって発生した事故の責任を負わないようにするためには、次のような対策を講じておくのが望ましいといえます。

①物件の状況を定期的にチェックし、安全面の不備があればテナントに改善を求める
②テナントに注意した事実を書面の形で残しておく

こうした措置を事前に取っていれば、万が一、転借した者が火災などの大きな事故を起こしても、行政や司法当局に「オーナーは、行うべきことをしっかりと行っていた」と判断され、責任の追及を免れる可能性が高まるはずです。

原状回復をめぐるトラブルを防ぐには？

工場・倉庫のテナントには、賃貸借契約が終了して退去する際に、借りていた物件を原状回復する（元の状態に戻す）ことが義務付けられています。

その一環として、賃貸後にテナント自らが取り付けた造作についても、退去時に撤去することが必要となります。

ただし、場合によっては、原状回復の費用の一部をオーナー側が負担しなければならなくなることもあります。とくに、テナント側が造作買取請求権を行使する恐れがある点には、十分な注意を払う必要があります。

テナントが造作することをオーナーが承諾していた場合は、オーナーにそれを買い取るよう求めることが認められています。これを「造作買取請求権」といいます。

この請求権が認められれば、テナントは造作を撤去する費用負担がなくなり、そのうえオーナーから造作の代金も得られるのですから、原状回復に要するコストを大幅に削減することができます。

そのため、造作を設置したテナントはしばしば、退去時にこの権利を主張してきます。

そして、最終的に裁判となった場合、裁判官は、造作の存在によって建物の価値が増していると判断すれば、テナントの請求を認めるのが一般的です。

造作のなかには、エレベーターのように数百万円はする高額なものもあります。造作買取請求権が認められると、その買い取りのために多額の出費を強いられることになるわけですから、オーナーにとっては非常に大きな痛手です。

こうしたリスクを避けるためには、テナントが造作を設ける際に、「退去時にテナント自らの負担で撤去すること」「オーナーに対して造作の買取請求をしないこと」などを契約時にしっかりと明記することが重要です。

以上、工場・倉庫物件を中心に、不動産投資にかかわる主なリスクと、その回避策について見てきました。

不動産投資で長期的に安定収入を確保するためには、収益アップのための工夫とともに、裁判の負担なども含めた不要な出費を抑えることが、いかに重要であるのかということがおわかりいただけたのではないかと思います。

テナントとのトラブルは、契約時点でしっかりした「取り決め」さえしておけば、かなりのものが回避できます。

トラブル回避には経験がモノをいうので、なるべく経験豊富な不動産業者をパートナーにすることも大切です。

第6章

工場・倉庫物件の活用と買い替え・売却・交換の成功事例

工場・倉庫を〝魔法の箱〟として活用した5つの事例

この章では、当社が実際にオーナー様に提案し、収益化を実現してきた投資用不動産の活用事例について紹介していきます。

ここまで、不動産オーナーの皆様が「どのように生かせばいいのか」に悩んでおられる土地や、老朽化したアパート・マンションについて、さまざまな活用法のヒントを紹介してきました。

不動産活用といえば、つい賃貸アパート・マンションを建てることばかりを考えがちですが、テナント付けのしやすさや、空室リスクの低減、収益性の高さなどを考慮すると、むしろ工場・倉庫を建てたほうが有利となりやすいことが、おわかりいただけたのではないかと思います。

工場・倉庫のメリットは、文字どおり「工場・倉庫そのもの」としてだけでなく、店舗やレストラン、娯楽施設、スポーツ施設など、さまざまな用途に利用できることです。

空間が広く、リノベーションの自由度も高い工場・倉庫物件は、テナントのニーズに応じて、いかようにでも造り替えることができる〝魔法の箱〟なのです。

アイデア次第で無限の利用方法が考えられますし、見方を変えれば、どんな業種のテナントでも受け入れられる〝懐の深さ〟があるわけです。

ここでは、当社がテナント付けを仲介した工場・倉庫物件のなかから、「意外な利用方法」で成功を収めた5つの事例を紹介します。

いずれも、前面道路が狭い、地形《じがた》（土地の形状や傾斜のこと）が悪いなど、あまり条件のよくない物件だったのですが、不利を逆手に取った〝逆転の発想〟で大成功を収めています。

どんなに条件の悪い物件でも、アイデア次第で、不可能と思われていたテナント付けが可能となるのです。

【工場・倉庫の成功事例①】

道路が狭く、借主が見つからなかった倉庫をテニスコートに

東京都立川市のAさんは、市内に３００坪ほどの平屋の倉庫を所有していました。

ある業者がテナントとして入り、長年、倉庫として利用していたのですが、ある年、「使いにくいから」という理由で契約を解除し、出ていってしまいました。

その倉庫は、市内の農業地域の一画にあり、周囲には田んぼが広がっています。田んぼの真ん中に、まるで〝陸の孤島〟のようにポツンと立っており、農道をアスファルト舗装したような細い道しか通じていません。

乗用車や軽トラックなら通ることができますが、大型トラックはとても乗り付けられないので、倉庫として使うにはちょっと不向きです。

テナントが「使いにくいから……」と言って出ていったのも、倉庫としてのキャパシティは300坪と十分なのに、大型トラックで荷物が出し入れできず、運搬効率が悪いことが大きな理由でした。

当初Aさんは、別の不動産業者に、次のテナント付けを依頼しました。ところが、「道路が狭い」という問題は、ほかの工場・倉庫業者にとっても大きなデメリットなので、なかなか決まりません。

途方に暮れたAさんは、「何とかならないか」と当社に相談を持ちかけてきました。

当社が考えたのは、道路が狭くても、事業の支障にならないようなサービスを提供する業者に貸してはどうかという提案でした。

工場・倉庫向きの不動産とはいえ、何も工場・倉庫専用と決まっているわけではありませんから、ほかの用途であれば使い道があるのではないかと考えたのです。

そこで、当社のホームページに物件情報を掲載して、幅広い業者から問い合わせを募ったところ、あるスポーツ施設の運営業者から、

「室内テニスコート用に借りることはできないか」

というオファーが舞い込んできました。

300坪の広さがあれば、テニスコート2面分は確保できます。しかも、空間はそのまま生かし、外壁や床などを多少リノベーションすれば利用できるので、改修費用もそれほどかかりません。

何より、工場・倉庫として借りるのと大差ないリーズナブルな賃料で借りられるというのが、スポーツ施設の運営業者にとっては大きな魅力だったようです。

もちろん、テニスコートとして使用するのであれば、道路の狭さはまったく問題ありません。乗用車が通れるのであれば、利用者にとっては十分だからです。

貸主のAさんにとっては、リノベーションは業者が独自に行うので、建物の改修費用は

から大助かりです。

一切かかりませんし、継続的な賃料収入が以前と同じように得られるようになったのです

「ほかの不動産業者は、工場・倉庫としての用途しか考えなかったので、なかなか借主が見つからず、このままでは永久にほったらかしにされてしまうのではないかとやきもきしていました。何とかテナントが決まって、ほっと安堵《あんど》しています」とAさんは満足そうに語りました。

このスポーツ施設の運営業者は、Aさんと物件の長期賃貸借契約を結びました。

長期にわたって安定的な賃料収入が得られるようになったことにも、Aさんは非常に満足しています。

【工場・倉庫の成功事例②】

地形の悪い倉庫をフォークリフトの教習所として賃貸

埼玉県所沢市のBさんは、市の郊外に120坪の倉庫を所有していました。

倉庫としての広さは十分ですし、幅のある道路に面しているのでアクセスも申し分ない

のですが、なかなかテナントが付かず苦労していました。

テナントが付きにくい理由は、物件の地形《じがた》の悪さにありました。

倉庫の場合、「整形地」に立つ正方形や長方形に近い物件のほうが、荷物を効率よく積めるので理想的ですが、三角形やL字形などの「不整形地」に合わせて建ててしまった物件は、荷物の置き場所に無駄が生じ、荷物の運び入れ・運び出しにも手間がかかるので、どうしても敬遠されやすくなります。

Bさんが所有する倉庫物件も、土地の形に合わせてL字形に建ててしまったことや、土地の傾斜に沿って床にも微妙なスロープが付いてしまったことなどが、大きなマイナスポイントになっていました。

先ほどのAさんと同じように、Bさんも、最初はほかの不動産業者にテナント付けを依頼しましたが、なかなか決まりませんでした。

Bさんから相談を受けた当社は、「地形の悪さがむしろ生かせる業種はないか」と頭をひねりました。

そこで思い付いたのが、倉庫ではなく、「フォークリフトの教習所として賃貸してはどうか」というアイデアでした。

じつは、Bさんから相談を受ける前、ある建機メーカー系列の運転教習所から、「フォークリフトの運転が教えられるような場所はないか」というオファーを受けていました。建機の運転教習所は、一般的な自動車学校と違って、荷物の運び入れや運び出し、狭い工場や倉庫内でさまざまな障害物を避け、小回りを利かせながら建機を走らせる技術などを教える必要があります。

Bさんが所有する倉庫物件は、フォークリフトで直角に曲がる練習をするのにおあつらえ向きなL字形をしていて、スロープの上り下りなども体験できるので、そのまま運転教習所として転用できるのではないか、と思い付いたのです。

運転教習所にBさんの倉庫物件を案内したところ、「これなら練習コースのレイアウトを簡単に造れそうなので、ぜひとも借りたい」と、すぐに契約が決まりました。

一般に、フォークリフトの運転教習所を造るには、練習コースにさまざまな障害を設置するので相当の改修費用がかかるそうですが、Bさんの物件なら、それが最小限で抑えられることが契約の決め手となったようです。

このように、どんなに不利な地形の物件でも、アイデア次第でテナントを確保することは可能です。

活用しにくい不動産をお持ちの方は、つい建て替えや買い替えを考えがちですが、その前に、「発想を変えれば、まだ生かせる方法があるのではないか」と可能性を探ってみてはいかがでしょうか。

【工場・倉庫の成功事例③】

ボロボロで雨漏りのする工場をスケートボードの練習場に

Cさんは、埼玉県草加市にある鉄工所を購入しました。

老後のための資金源づくりとして不動産活用を考えましたが、「一棟もののアパート・マンションでは購入費用が高すぎる。もっと安く物件を仕入れて、利回りを高くできないか」と考え、あえて築50年が経過した、ボロボロの工場を手に入れたのです。

外壁や天井にはところどころ穴が開き、雨漏りもするような物件でしたが、おかげでわずか2600万円という破格の値段で取得することができました。

しかも、とてもテナントが付きそうもない物件にもかかわらず、購入後、すぐに長期賃貸借契約が決まり、月々30万円の賃料収入を確保しています。買った値段が安かったので、表面利回りは14%とかなりの高水準です。

なぜ、ボロボロで雨漏りもするような老朽化物件に、テナントを付けることができたのか？　じつはCさんは、この物件を工場としてではなく、スケートボードの練習場として貸したのです。

現在、Cさんの物件はスケートボード関連団体が借りています。

建物の外観や空間はそのままに、クォーターパイプやフラットバンクといったスケートボード練習用の構造物をコンクリートで造って、室内練習場に生まれ変わらせたのです。

もちろん、これらの改修費用は同団体側がすべて負担し、Cさんは追加の費用を一切支払っていません。

工場としての用途であれば、雨漏りなどの建物の不具合はどうしても気になるところですが、そもそも屋外で楽しむのが一般的なスケートボードであれば、まったく問題ありません。しかも一応、屋根と外壁はあるので、練習の障害となる豪雨や強風は防げますし、壁によって音が遮られるので、近隣に迷惑をかける心配もありません。

そもそも、Cさんが取得した物件がある場所は、周囲にも工場が立ち並び、日中は機械の音がいたるところで鳴り響いているような環境だったので、スケートボード場として使うのにはうってつけでした。

ちなみに、Cさんはこの物件をスケートボード関連団体に貸すに当たって、周辺相場よりも多少賃料を安くしています。

万が一、建物の傷みなどが原因となって、スケートボード場の利用者にケガをさせてしまった場合や、近隣とのトラブルが発生したときなどに、責任を負わされないようにすることが目的です。

建物をめぐって近隣とのトラブルが発生した場合でも、賃貸借契約書に「テナントが対処する」という特約条項を定めておけば、オーナーは責任を回避することができます。

しかし、いざこざが裁判に発展した場合、個々のケースによっては、オーナーに対しても損害賠償などの負担を求める判決が下されるリスクがないとはいえません。

裁判官のなかには、「オーナーは建物を貸すことによって賃料収入を得ているのだから、建物が原因で何か問題が起きたときは、オーナーもそれなりの責任を負うべきだ」という見解を持っている人もいるからです。

しかし、相場よりも賃料を安くしていれば、そうした見解の裁判官に対しても、「テナントが全面的に責任を負うと約束した代わりに、賃料を通常より安くしているのだ」と主張することができます。その結果、オーナー側が責任を負わされるリスクは大きく軽減される可能性があるのです。

Cさんのように、老朽化が著しい工場・倉庫を取得すると、どうしても建物をめぐるトラブルが起こりやすくなるものですから、リスク回避のための対策は万全に打っておきたいものです。

このCさんの例以外にも、当社には、工場・倉庫物件をスポーツ施設として活用した事例がいくつもあります。

たとえばあるオーナー様は、2階建て倉庫の2階部分の床を抜いて、天井の高い〝空間〟を造り、スポーツ施設の運営業者にボルダリングの練習場として賃貸しました。

もともとこの物件は、別のテナントが2階建て倉庫として使用していたのですが、2階部分の床荷重が非常に弱く、あまり重い荷物を置くと、床が抜けてしまうのではないかという不安がありました。

そこで、そのテナントが退去したのを機に2階部分の床を取り払い、天井高が7～8メートルある1階建ての〝空間〟として賃貸することにしたのです。

その天井の高さがおあつらえ向きだということで、ボルダリングの練習場として使用されることになりました。ボルダリングの壁の高さは4～5メートルですから、7～8メートルの天井高なら問題なく収まります。

ボルダリングは近年、競技人口がどんどん増えています。練習場のニーズも高まっており、長期賃貸借契約が期待できることも大きな魅力だといえます。

また、天井の高さを生かせるという意味では、ドローンの練習場として賃貸するケースもあります。

実際、当社にはドローン練習場の運営業者から「工場・倉庫物件を練習場として借りられないか」という問い合わせがいくつも来ており、すでにかなりの件数を仲介しています。天井高が7～8メートルあれば、ドローンを十分な高さまで飛ばせるので、まったく問題ありません。

ドローンの練習場は、スケートボードやボルダリングなどの練習場と違って、構造物を設ける必要がありません。テナントのリノベーションによって建物の構造に傷がついたり、退去時の原状回復でトラブルが生じたりする心配が少ないので、オーナーにとっては安心だといえます。

政府は、「空の産業革命」というスローガンを掲げ、今後、産業分野でドローンの利活用が進むことを政策面で後押ししており、ドローン練習場に対するニーズもどんどん高まっていくことが期待されています。

いまある工場・倉庫や、これから取得する工場・倉庫をドローン練習場に転用して賃貸することも、有望な不動産活用手段のひとつとなりそうです。

【工場・倉庫の成功事例④】

製本工場をおしゃれなカフェにリフォーム

Dさんは、東京都千代田区のオフィス街にある32坪の土地にRC造3階建てのビルを所有していました。1階をご自身が経営する製本工場として使用し、2階を事務所、3階を居宅として賃貸していましたが、周辺の環境が変化したことから、1階の工場を移転することにしました。

当社は、Dさんから「製本工場として使っていたので、1階部分を工場として賃貸したい」というご相談を受けました。

しかし、そのビルのある場所は、かつては製本工場などが多い地域でしたが、現在ではオフィスビル街となっています。築50年と建物の老朽化も激しく、当社にいらっしゃる前に相談した大手の不動産業者では、建て替えを勧められたそうです。

けれども、2階と3階を賃貸しているので建て替えは難しく、「何とかならないか」とご相談を受けたのです。

そこで当社は、オフィス街で働く人々の憩いの場にしてはどうかと考え、カフェにリフォームして賃貸することを提案しました。

建物の周辺には大手のコーヒーショップはありますが、落ち着ける雰囲気の店はありません。競合がなく、立地も抜群なので、カフェを開きたいというテナントはすぐに見つかりました。

テナントとも相談のうえ、RC造のスケルトンを生かしながら、アンティークでおしゃれなカフェにリフォームしました。

【工場・倉庫の成功事例⑤】

プラスチック工場を輸入雑貨・アンティークのショールームに

Eさんは、東京都品川区の工場・倉庫街で、自社所有のプラスチック加工工場を運営していました。

その工場を移転することになり、Eさんは建物を第三者に工場として賃貸したいと考えました。

しかし、その工場の建物は、Eさんが自社で使いやすいように改築を重ねた結果、2階に吹き抜けがあり、3階にはさらに中2階があるという複雑な階層構造で、取り外しの面倒な小さなリフトも設けられていました。

そのうえ、建物の床面積の割には敷地が狭いなど、悪条件が重なっていました。

果たして第三者に貸せるかどうか、貸せたとしても、希望の賃料が設定できるかどうかと心配になったEさんは、当社にご相談にいらっしゃいました。

工場・倉庫は、業態が異なると作業工程や使う設備も変わってくるので、改装が大がかりとなり、費用も大きくなります。

そこで当社は、工場ではなく、店舗として賃貸することをEさんに提案しました。募集をかけたところ、複雑な階層構造であることが逆に「面白い」と興味を示した輸入雑貨・アンティーク家具の販売会社が借りたいと申し入れてくれました。

おかげでEさんは余分な改装費用をかけずに済み、工場内の什器・備品を撤去し、外壁・防水工事を行っただけで、建物を引き渡すことができました。賃料も、ほぼEさんの希望どおりとなり、採算が取れたことにご満足いただけました。

買い替え・売却・交換によって成功した3つの事例

お手持ちの不動産の活用法としては、更地であれば賃貸アパート・マンションなどを建設し、すでにアパート・マンションなどをお持ちの場合は、リフォームや建て替えによって収益力を高めるのが一般的です。

しかし、これまで述べてきたように、アパート・マンション経営だけが不動産活用の有効な手段ではありません。

不動産業者のなかには、自社で開発した物件や、仕入れた物件を売らんがためにアパート・マンション経営を執拗《しつよう》に勧めてくるところもありますが、不動産活用には、ほかにもさまざまな選択肢があることを忘れてはいけません。

相続税対策などの理由で、すでに持っている土地にアパート・マンションを建てることを勧める不動産業者も少なくありませんが、それによって不動産の評価額が下がったとしても、入居者が付きにくく、十分な家賃収入が得られないアパート・マンションを建ててしまったら、いつの間にか借金がどんどん膨らんで、悲惨な老後生活を余儀なくされる恐れもあります。

そうならないようにするためには、いまある土地で十分に収益が見込めそうな種類の物件を選び、どれを建てても収益が見込めそうもない土地なら、売却や買い替え、交換なども検討したいところです。

ここでは、当社が仲介した不動産の売却・買い替え・交換の成功事例を3つ紹介します。

【買い替え・売却・交換の成功事例①】

建物を解体することなく、高値で不動産を売却

Fさんは、埼玉県戸田市に広さ150坪の社員寮付工場を所有していました。2階建ての建物で、1階を工場、2階は社員寮として使用していました。

長年にわたって分工場として自己使用してきましたが、ある年、廃業を機にテナントを探すも、なかなか「借りたい」という会社が見つかりません。

「バブル景気」がピークを迎えた1980年代後半に建設した建物で、築30年と老朽化が著しく、見栄えもあまりよくなかったことが大きな原因でした。

Fさん自身、かなり年齢を重ねてきたので、賃貸経営を続ける気力を失っており、「いっそのこと土地・建物を売り払って現金化してしまおう」と考えました。

ところが、大手の不動産業者に相談したところ、「当社が買うとしたら、せいぜい800万円ぐらいにしかなりません」とかなり低い価格を提示されてしまいました。

バブル景気の時代に建てたものなので、Fさんは土地・建物の取得費用として2億円以上を払っていました。それが半値以下にしかならないというのですから、がっかりしたのは言うまでもありません。

その不動産業者によると、「バブル時代に比べて土地の値段が大幅に下がっていることに加え、老朽化した建物の解体費用が2000万円ほどかかるので、どうしても安く買い取らざるを得ない」とのことでした。

「何とかもう少し高く売れないものか」とFさんは、当社にセカンドオピニオンを求めに来られました。

周辺相場や物件の状況などを徹底的に調査したうえで、当社が提案したのは、建物を取り壊さずに、土地・建物をまるごと別のオーナーに売却するというものでした。

大手不動産業者が、建物の解体費用を差し引いた購入金額を提示したのは、買った後で更地にして、別の収益不動産を建てるからです。この場合、元の建物は〝邪魔者〟以外の何者でもないので、どうしても解体費用をコストとして差し引かざるを得ません。

しかし当社は、建物をそのまま工場・倉庫として賃貸できるはずなので、「解体費用を差し引かなくて済み、その分、高く買ってもらえます」とFさんにオファーしました。

しかも賃貸物件であれば、それを貸すことによって将来生まれる収益をもとに価値を上乗せできるので、さらに高い値段を提示できます。

結果的に、解体費用がかからないことによる約2000万円、将来の収益に元づく価値の約2000万円を上乗せして、大手不動産業者の提示額より約4000万円も高い1億2000万円で売却することができました。

Fさんが喜んだのは言うまでもありません。取得時に支払った2億円以上には遠く及ばないにしても、当初見込んでいた売却金額より、4000万円も多く現金を手にすることができたのですから。

ちなみに、Fさんから土地・建物を取得したオーナーは、建物の1階部分を工場として、2階部分は共同住宅として、それぞれ別に賃貸しています。

物件の場所は、JR埼京線の戸田駅から近く、社員寮として使われていた2階部分に多少リフォームを施してワンルームマンションにしたところ、交通の便がよいことから満室状態が続き、表面利回りは10％を超えています。

当社が建物を取り壊さずに売却することを提案したのは、そうした「駅近」の立地であれば、将来の収益を上乗せして高く売れるだろうという目算もあったからですが、収益力の高さは想像どおりだったといえます。

このように、一見高く売れそうもない土地・建物でも、工夫次第では売却価格を一千万円単位で上乗せすることが可能です。

「どうせ売るのなら、少しでも多く現金を手に入れたい」というオーナーの方は、ぜひ一度当社にお気軽にご相談ください。

【買い替え・売却・交換の成功事例②】

「事業用資産の買換えの特例」を活用して納税負担を減らす

収益の上がらないアパート・マンションなどを、別の収益物件に買い替えようとするときに、活用を検討したい制度のひとつが「事業用資産の買換えの特例」です。

通常、買い替えのために不動産を売却すると、その譲渡益に対して税金がかかりますが、この特例を利用すると、譲渡してから一定の期間内に事業用の不動産を取得し、その取得日から1年以内に事業を始めることで、一定の要件のもと、譲渡益の一部に対する課税を繰り延べることができます。

つまり、収益不動産の買い替えによって生じる納税負担を、一時的に軽減することが可能となるのです。

この特例を利用して、東京都板橋区に所有していたアパートを、埼玉県の工場・倉庫物件に買い替えたのがGさんです。

Gさんは、テナントがあまり定着しない店舗を、もっと安定収益が得やすい物件に買い替えたいと考えていました。しかし、売ろうとしている店舗は、取得時よりもかなり値上がりしているので、売却すればそれなりの譲渡益が発生し、多額の税金を納めなければなりません。そこで、「事業用資産の買換えの特例」を利用して、納税負担を少しでも抑えたいと考えました。

ただし、この特例を受けるためには、いくつもの要件を満たさなければなりません。なかでもとくに大きなハードルは、買い替えによって取得する物件の土地面積が「300平方メートル以上のものに限られる」という要件です。

首都圏で土地面積が300平方メートル以上の物件というと、アパート・マンションなどでは取得価格が数億円単位となります。残念ながら、Gさんにそこまでの自己資金はなく、店舗物件の売却によって得た資金でも賄いきれません。

そこで、「300平方メートル以上で、なるべく安く取得できる物件はないか」と当社にご相談にいらっしゃいました。

当社が紹介したのは、埼玉県白岡市にある工場・倉庫物件でした。駅から離れた場所にあり、築年数も経過した工場・倉庫物件なら、一棟もののアパート・マンションなどと違い、土地面積が300平方メートル以上でも数千万円で取得できます。Gさんに紹介した物件は、3800万円でした。

以前のオーナーは、この物件を自動車修理工場として長期賃貸しており、Gさんはそのテナントが付いたままの状態で取得しました。

テナントがあまり定着しなかった店舗物件と違って、安定収入が確保できるようになったことはGさんにとっては大きな収穫でした。

【買い替え・売却・交換の成功事例③】

投資用不動産を買い替えて、賃料収入が3倍以上に

Hさんは、埼玉県さいたま市に約160坪の土地を持っていました。工場・倉庫用の建物を建て、プラモデル店や福祉施設など、3件のテナントから合わせて月50万円ほどの賃料収入を得ていましたが、子どもや孫たちの将来のために、「もっと収益の上がる物件に買い替えられないものか」と考えていました。

そんなある日、Hさんの土地に隣接する土地のオーナーであるIさんから、「土地・建物をまるごと売ってもらえないか」という相談を受けました。

Iさんは、ある冠婚葬祭業者から、「セレモニーホールを建設したいので、土地を貸してもらいたい」というオファーを受けていました。しかし、Iさんが所有する土地だけではセレモニーホールを建てるのには狭すぎるため、隣接するHさんの土地を買って面積を確保したいと考えたのです。

買い替えを検討していたHさんにとっては渡りに船でしたが、当社が取引を仲介する過

程で、よりHさんの願いにかなったディールが実現するのではないかというアイデアがひらめきました。

それは、Hさんが持っている土地・建物を、Iさんがほかの街で所有している一棟もののマンションと等価交換するというものでした。

等価交換であれば、Hさんは現金を一切動かすことなく、いま持っている投資用不動産を、別の投資用不動産に〝買い替える〟ことができます。

Iさんが持っていた一棟ものマンションは計40室で、月々の家賃収入は約180万円でした。つまり、現金を一切動かすことなく、不動産を交換するだけで、Hさんは従来の3倍以上の家賃収入が得られるようになったわけです。

このように、大きな資金を投じなくても、アイデア次第で不動産活用による収益を拡大できる方法はいくらでもあります。

Hさんが行ったような等価交換は、たとえば「生産緑地」指定が解除された後に、「指定されていた土地を、もっと高い収益が見込める土地に買い替えたい」というときなどに利用できるのではないかと思います。

第1章でも述べたように、生産緑地法改正から30年以上が経過する2022年以降、当初に指定を受けた生産緑地の営農義務が次々と解除され、土地の転売や、ほかの用途での活用が可能となります。

生産緑地を持つ土地オーナーの方の多くは、その土地にアパート・マンションを建てることで、固定資産税評価額を抑えつつ、家賃収入を得ようと考えていらっしゃるかもしれません。

しかし、生産緑地に指定されている場所は、一般に駅から遠く離れており、生活の便もあまりよくないので、アパート・マンションを建てても、入居者が確保できず、赤字経営に陥ってしまうリスクが高いといえます。

アパート・マンションを建てるのなら、もっと駅近の土地と交換する、あるいは買い替えをするといった方策を打たないと、経営が立ち行かなくなる恐れがあるのです。

以上のように、投資用不動産の売却・買い替え・交換には、アイデア次第でその効果を最大化できる方法がいくつもあります。

当社では、ここで紹介した事例のほかにも、たとえば、

①売却の際には、入札形式を採用することによってより高値で売却する

②売却しても利益が得られそうもない場合は、事業用定期借地権契約を結んでインカムゲインを得る

といった、さまざまなソリューションを提案することが可能です。

よりよい不動産活用を実践するために、何なりとお気軽にご相談ください。

おわりに

本書を最後までお読みいただき、本当にありがとうございます。

長年、不動産業界に携わってきた経験をもとに、不動産活用のヒントやノウハウについていろいろと書きましたが、筆者がこの本で皆様に知っていただきたかったのは、「不動産活用の方法は、たったひとつではない」ということです。

将来の年金に対する不安の解消や、相続税対策などの目的から、眠っている土地にアパート・マンションを建てることを考えている土地オーナーの方は多いはずです。すでに持っているアパート・マンションが老朽化し、収益力をよみがえらせるために新しいアパート・マンションに建て替えようと考えていらっしゃる方もいることでしょう。

そうした土地オーナーの方の悩みに付け入って、とても入居者の確保が見込めるような土地ではないのに、アパート・マンションの建築や建て替えを勧める不動産業者も少なくありません。その結果、アパート・マンションがどんどん建ってしまうと、競争が激しくなって、ますます入居付けが困難になるという〝悪循環〟に陥ってしまうのです。

日本では、「個人による不動産活用」といえば、そのまま「アパート・マンション投資」に結び付けてしまう傾向があります。ぜひ、視点と発想を変えて、アパート・マンション投資以外の方法にも着目してみてください。

本書では、不動産活用の選択肢として、アパート・マンションに加え、オフィスビル・商業ビル、福祉施設、工場・倉庫という4つの投資用不動産のメリット・デメリット、活用のノウハウなどについて紹介しました。

なかでも、どのような用途にも使える〝魔法の箱〟である工場・倉庫は、空室リスクや家賃下落リスクが少なく、収益を最大化しやすい投資用不動産であるということがおわかりいただけたのではないかと思います。

また、本書では、手持ちの不動産を活用するオプションとして、「より高く売る方法」や、「より収益の上がりやすい物件に買い替える方法」などについても紹介しました。

本文でも触れましたが、2022年以降に「生産緑地」の指定解除が進むと、それまで農地として使用していた生産緑地を宅地に用途変更して、賃貸アパート・マンションを建てる動きが進むのではないかと予想されます。

しかし、駅から離れた場所にあり、交通の便もあまりよくない土地にアパート・マンションを建てても、入居者が確保できるとは限りません。

そんな土地に、不動産業者にいわれるがままにアパート・マンションを建築してしまうと、不動産経営が立ち行かなくなって、将来の生活が苦しくなる恐れもあります。

駅から離れた場所でも入居が確保しやすい工場・倉庫などを建てる、より収益が上がりやすい駅近の土地に買い替えるといった工夫が求められるわけです。

地方自治体のなかには、こうした事業資産の買い替えを支援するところも現れています。

たとえば東京の大田区では、高齢化によって廃業が進む地元の町工場を守るため、区内外の貸工場を誘致するためのさまざまな助成金に対する取り組みを行っています。

こうした行政による支援や、本文中でも紹介した「事業資産の買換えの特例」をはじめとする制度を活用しながら、より有利な投資用不動産に買い替えることも検討したいものです。

当社は、あらゆる用途に使える〝魔法の箱〟である工場・倉庫物件の仲介を専門としており、テナント探しから、トラブルが起こらないようにするための契約書作り、物件管理などをトータルにお手伝いしています。

また、収益用不動産の売却、買い替え、交換についても長年の経験とノウハウを持っており、収益を最大化するためのアイデアも豊富です。

ほかの不動産業者から安い買値を提示されていて、「もっと高く売りたい」と思っておられる方や、いまの賃料収入や利回りに満足できず、「もっと収益の上がる物件に買い替えたい」とお考えの方は、ぜひお気軽にご相談ください。

最後に、皆様の不動産活用が成功を収め、豊かな老後生活や、家族の安心を手に入れられることを、心よりお祈り申し上げます。

2020年2月

三浦孝志

不利な土地でも儲かる「工場・倉庫」で賢い土地活用
人口減少の今、アパート投資で大丈夫？

2020年3月11日　第1刷発行

著者　三浦孝志
発行　ダイヤモンド社
〒150-8409　東京都渋谷区神宮前6-12-17
https://www.diamond.co.jp/
電話／03-5778-7235（編集）　03-5778-7240（販売）
編集協力　渡辺 賢一
関村 春妃（リライアンス）
装丁　平田 毅
制作進行　ダイヤモンド・グラフィック社
印刷　加藤文明社
製本　ブックアート
編集担当　小出康成

ISBN 978-4-478-10912-0

本書は投資の参考となる情報の提供を目的としております。投資にあたっての意思決定、最終判断はご自身の責任でお願いいたします。本書の内容は2020年2月1日現在のものであり、予告なく変更されることもあります。また、本書の内容には正確を期する万全の努力をいたしましたが、万が一の誤り、脱落等がありましても、その責任は負いかねますのでご了承ください。